나는 홍충희 지사의 딸입니다

청산리전투의 영웅 홍충희 지사 가족의 독립운동 이야기

나는 홍충희 지사의 딸입니다

초판 1쇄 발행   2024년 8월 13일

지은이 | 홍기옥
기 획 | 에이징커뮤니케이션센터
펴낸이 | 윤관백
펴낸곳 | 선인

등 록 | 제5-77호(1998.11.4)
주 소 | 서울시 양천구 남부순환로 48길 1, 1층
전 화 | 02) 718-6252 / 6257
팩 스 | 02) 718-6253
E-mail | suninbook@naver.com

정가 12,000원
ISBN 979-11-6068-906-8   03990

청산리전투의 영웅 홍충희 지사 가족의 독립운동 이야기

나는 홍충희 지사의 딸입니다

홍기옥

선인

여러분은 몇 명의 독립운동가를 알고 있나요? 안창호, 이봉창, 유관순, 김구, 김좌진, 안중근, 이회영, 이상룡, 신채호, 홍범도…. 역사 공부를 꽤 한 사람이라도 정확하게 떠올릴 수 있는 이름은 아마 열 손가락을 넘지 않을 겁니다. 그런데 실제로 독립운동가의 삶을 살았던 분은 저 하늘의 별처럼 많습니다. 나의 아버지 우봉(禹峰) 홍충희(洪忠熹) 애국지사도 그중 한 분입니다.

제 나이 아흔이 되고 보니 아버지가 사신 것보다, 어머니가 사신 것보다 더 오래 살았습니다. 그때 아버지는 진정으로 나라를 위해 모든 것을 바쳤습니다. 독립운동은 나라 잃은 국민으로서 반드시 해야 할 일이지만 한 가족의 가장으로서는 마이너스 100점의 삶입니다. 그 어려움을 겪어 보지 않은 사람은 모릅니다. 나의 아버지는 나라를 지키겠다고 대대로 물려받은 전 재산을 독립운동 자금으로 바치고, 전장에서 목숨을 걸고 싸우며, 수십 년 동안 죄지은 사람처럼 일본 군경에 쫓기면서 숨어 살아야 했습니다.

어머니를 생각하면 절로 고개가 숙여집니다. 남편을 대신해 일본 경찰에 끌려가 취조를 받았습니다. 혼자 아이들을 기르고, 십수 년을 만주 땅에서 숨죽여 살면서도 싫은 내색 한 번 하지 않으셨습니다. 뼈를 깎듯이 힘들고 고단한 세월을 숨죽이면서 어떻게 견디셨을까 싶습니다.

많은 독립운동가와 그 가족들은 일제, 6·25전쟁을 겪으며 자신의 삶에 대한 기록 한 줄 제대로 남기지 못하고 역사의 뒤안길로 사라졌습니다. 그래서 제 머릿속에 있는 아버지의 삶을, 그 아버지를 묵묵히 도왔던 우리 가족이 걸어온 가시밭길을 이야기하려고 합니다. 제가 아무 말도 하지 않으면 그 애틋하고 절실했던 진실이 세월 속으로 영영 사라져 버릴 수도 있으니까요.

후손들에게 우리 가족의 진솔한 이야기를 전하기 위해, 이제는 점점 잊히고 있는 나의 자랑스러운 아버지 홍충희 지사를 대한민국 국민의 한 사람으로서 진심으로 추앙하기 위해 이 책을 출간하기로 결심했습니다. 이 글을 쓰면서 아버지가 살아 계셨더라면, 아버지의 활약상을 나보다 더 상세하게 알고 있었던 어머니와 오빠들이 살아 계셨더라면 얼마나 좋았을까 생각했습니다. 나의 이런 시도가 수많은 독립운동가 후손과 여러분의 마음속에 독립운동에 대한 새로운 기억과 의미로 다가가기를 바랍니다.

아버지의 생을 돌아보고 난 뒤 내 삶도 돌이켜 봤습니다. 나의 인생은 아버지의 딸이었기에 걸을 수밖에 없었던 길이 있었고, 스스로 개척한 길도 있었습니다.

그 길에서 훌륭한 친구와 동료, 스승을 만났습니다. 6·25전쟁으로 도탄에 빠진 우리를 돕기 위해 유엔 한국재건단과 스칸디나비아 의료진은 아시아 최고 병원인 국립중앙의료원을 선물해 줬고, 그곳에서 우리나라 보건의료 역사에서 전무후무한 '의료비서'라는 직함으로 7년간 일했습니다. 스웨덴·덴마크·노르웨이 국민과 의료진의 인도주의 실천은 오늘날 눈부신 한국 의료 발전의 디딤돌이 됐습니다. 참으로 감사한 일입니다.

결혼한 후에는 한국 해외 건설의 선구자로 일생을 바친 남편을 내조하며 아내로서, 어머니로서 살아왔습니다. 언젠가 하늘나라에서 아버지를 뵙는다면 한국의 발전에 작으나마 기여한 것을 자랑스럽게 말씀드릴 수 있을 것 같습니다.

이 책이 나오기까지 많은 분의 도움을 받았습니다. 조카들은 역사의 진실을 남겨 달라며 나를 독려했습니다. 각자의 집에 고이 간직하고 있던 자료들을 찾아내 서슴지 않고 공유해 줬습니다. 덕분에 100년 전 아버지가 쓰셨던 명함, 청산리전투 기록, 추도사 등을 찾아 아버지의 손길이 닿았던 그 자료들을 품에 안을 수 있었습니다.

정순영 목사님은 서울과 지방을 오가며 봉사 활동을 하는 틈틈이 무엇이라도 돕겠다며 응원을 아끼지 않았습니다. 사랑하는 나의 아들과 딸은 글을 쓰면서 혹시라도 엄마의 건강이 나빠질까 두려워하면서도 묵묵히 지원해 줬습니다.

백승주 전쟁기념사업회장을 비롯한 전쟁기념관 직원들에게

도 특별히 고마움을 표하고 싶습니다. 국한문이 혼용된 아버지의 청산리전투 관련 자료를 번역하느라 골머리를 앓고 있을 때 신유진 학예부장님이 나서 큰 도움을 주셨습니다. 학예부에서 자료를 훌륭하게 번역해 주신 덕분에 청산리전투에서 활약하신 아버지의 모습을 더욱 생생하게 이해할 수 있었습니다.

무엇보다 홍명신 교수에게 진심 어린 감사를 전하고 싶습니다. 우리나라의 대표적 에이징커뮤니케이션 전문가인 홍 교수가 없었더라면 이 책은 지금도 머릿속 추억으로 남아 있었을지도 모릅니다. 바쁜 중에도 국내외 자료를 찾고, 오래전 앨범을 살펴보며 우리 가족의 역사를 함께 기록해 줬습니다. 기억 속 인물들을 같이 만나고, 울고 웃으면서 몇 달을 보낸 나의 고마운 벗이자 소중한 인생 후배입니다.

또한 졸고를 기꺼이 출판해주신 도서출판 선인의 윤관백 대표님 이하 전 직원들에게도 감사드립니다.

지금 우리가 누리는 이 번영은 거저 얻어졌을까요? 과거의 우리는 어떤 오늘을, 어떤 미래를 꿈꾸며 살아왔을까요? 이제 나와 함께 100년 전 사람들의 삶 속으로 시간여행을 떠나 보시기 바랍니다.

2024년 8월

홍 기 옥

🐛 할아버지를 그리워하며...

  고모님의 연세가 아흔인데 책을 낸다는 소식을 듣고 '정말 대단하시다. 부모님의 강인한 기질을 그대로 물려받으셨구나' 라고 생각했습니다. 힘든 결정을 하셨지만, 이 책의 발간으로 훌륭한 결실을 맺게 됐습니다. 고모님의 뜨거운 나라 사랑이 독자들에게 조금이라도 전해졌으면 하는 마음입니다.

  저는 홍충희 애국지사의 손자입니다. 한 번도 할아버지를 직접 뵌 적은 없습니다만, 사진에서 그분의 호랑이와 같은 기상과 강인함을 느낄 수 있었습니다. 할아버지는 대한제국 장교로 임관해 근무하시다가 일본에 의해 군대가 해산된 뒤 3·1운동에 참여하셨습니다. 만주에서 독립군을 정비·훈련하고 만주의 일본군과 경찰 초소를 습격해 일본에 큰 타격을 줬습니다. 독립군 토벌에 나선 일본군 일개 연대를 몰살시킨 그 유명한 청산리전투를 직접 지휘하셨습니다. 이후 만주에서 대종교를 선교하고 한인 교육에도 깊이 관여하셨다는 사실에 자손들은 큰 자부심을 느끼고 있습니다. 청산리전투는 단순히 일본군 연대를 몰살시키며 대승을 거뒀다는 점뿐만 아니라 나라를 잃고 자긍

심을 상실해 가던 민중에게 한민족은 살아 있고 언젠가는 일제의 지배에서 벗어날 수 있다는 희망을 줬다는 점에서 큰 의의가 있습니다.

원고 집필 소식을 듣고 할머니께서 살아 계실 때 하셨던 말씀이 떠올랐습니다. 할머니는 남편이 만주로 떠나신 후에야 '집을 매각하고 그 대금을 독립군 자금으로 쓰기 위해 모두 가지고 가셨다'는 사실을 아셨다고 합니다. 또 '할아버지의 한 친구가 독립전쟁을 치르느라 가족을 돌보지 못하는 할아버지를 돕기 위해 친구의 아내와 어린 남매의 의식주를 마치 가족처럼 챙겨 주셨다'고 합니다. 어느 순간 타인의 도움을 받고 의지하는 삶을 계속 살 수 없다고 생각하신 할머니께서는 직접 생활 전선에 뛰어들어 삯바느질을 하며 가족을 부양했다고 말씀하셨습니다.

독립운동에 헌신하는 삶이란 당연히 자신의 생명을 포함해 모든 것을 나라에 바치고, 가족까지 포기할 수 있다는 것을 의미합니다. 실제로 독립운동을 하신 분의 자손들은 생계도 제대로 해결하지 못하는 빈곤한 삶을 살 수밖에 없었고, 교육을 제대로 받지 못해 빈곤층으로 전락한 경우도 있습니다. 광복 80년이 다 된 지금까지도 힘들게 생활하시는 분이 대부분입니다. 더구나 이름 없이 전선에서 사라진 독립영웅의 자손들은 조부모·부모님이 독립투쟁을 하시다가 돌아가셨다는 사실도 모른 채 어렵게 살아가는 것으로 알고 있습니다. 그러한 자손들이 자부심을 가질 수 있도록 전 국민과 정부가 나서 지금보다 더 많은 도움을 드려야 할 것입니다.

대한민국은 이미 선진국 대열에 들어섰습니다. 우리는 어제의 아픔을 잊지 않고 지금 누리는 이 풍요가 우리 아버지와 어머니, 할아버지와 할머니의 희생을 바탕으로 이뤄졌다는 사실을 기억해야 합니다. 우리나라는 지정학적으로 중국, 러시아, 일본에 둘러싸여 있고 지난 역사에서 보듯이 항상 이들의 위협 속에서 살아왔습니다. 다시는 이들에게 당하지 않도록 더 강한 대한민국이 되기를 기원합니다.

홍 중 석
세화C&C 대표이사

🍎 독립지사의 딸, 하나님의 딸

　한 사람의 인생은 그 당대로만 평가할 수 없는 일입니다. 부모님 세대와 자녀 세대까지 적어도 3대를 살펴봐야 제대로 알 수 있습니다. 제가 홍기옥 장로님을 처음 만나 뵌 것은 지금으로부터 15년 전의 일입니다. 한강중앙교회 담임목사로 부름을 받아 왔을 때는 이미 몇 해 전 은퇴하신 원로장로님이셨습니다. 작은 체구에 온화한 얼굴이었지만, 여성으로선 보기 힘든 강단 있는 성격의 아주 특별한 어르신이었습니다. 그 이유가 무척 궁금했습니다. 그러다가 홍 장로님이 우봉 홍충희 독립지사의 따님이라는 사실을 알게 되면서 비로소 모든 걸 이해할 수 있었습니다.

　홍 장로님은 사석에서 만날 때마다 아버님이 어떻게 독립운동에 참여하게 됐는지, 청산리전투에서 어떤 활약을 펼치셨는지를 이야기하셨습니다. 또한 어머님이 얼마나 멋진 신여성이었는지, 독립지사의 아내로서 이루 말할 수 없는 고생을 하면서도 어떻게 자녀를 반듯하게 양육하셨는지 들려주셨습니다. 아버님의 빈자리를 든든하게 채워 줬던 큰오빠 이야기도 빠뜨

리지 않으셨습니다. 홍 장로님의 가족사는 그렇게 대충 알고 있었습니다.

이번에 회고록을 출판하신다면서 제게 원고를 주셨는데, 읽는 내내 마음속으로 얼마나 놀랐는지 모릅니다. 우선 아흔인 어르신이 쓴 글이라고는 도무지 믿어지지 않을 정도로 정갈한 글솜씨에 놀랐습니다. 나라를 위해 모든 걸 바쳤던 독립지사 아버님을 향한 존경의 마음과 가족의 생계를 오롯이 책임지셨던 어머님의 희생에 대한 무한한 감사, 그런 어려움에도 꿋꿋하게 잘 성장한 형제들에게 느끼는 자부심이 구절구절 담겨 있었습니다.

이 책을 역사소설이라고 불러도 좋을 듯합니다. 물론 내용은 허구가 아니라 꾸밈이 없는 생생한 사실이지만 말입니다. 처음부터 끝까지 흥미진진하게 단숨에 읽어 내려갔습니다. 그러면서 잃어버린 국권을 되찾으려고 헌신했던 독립운동가의 딸로서, 대한민국의 경제적 독립을 이루기 위해 세계 곳곳의 공사 현장을 누볐던 건축 전문가의 아내로서, 또한 미래 세대를 이끌어 갈 두 자녀를 번듯하게 키워 낸 어머니로서 참으로 치열하게 살아오신 장로님의 인생이 마치 '큰 바위 얼굴'처럼 다가왔습니다.

그 모진 세월을 용기 있게 살아 낸 힘은 과연 무엇이었을까 궁금해지던 차에 에필로그에서 그 답을 발견했습니다. "하나님은 어려움을 겪게 해 단련시킨 다음 또 다른 희망과 기쁨을 주셨습니다. 삶은 고난 속에서 더 아름다운 꽃을 피웁니다. 개인이든, 국가든 마찬가지입니다." 그렇습니다. 홍 장로님은 '독립지사의 딸'이요, '하나님의 딸'입니다. 그 긍지와 믿음이 장로님의 인생을 아름다운 꽃으로 피워 냈던 것입니다.

책에는 단지 한 가족의 개인사가 아니라 우리나라의 현재 모습을 일궈 왔던 이름 없는 수많은 가족의 역사가 알게 모르게 담겨 있습니다. 그래서 아주 친근하게 느껴집니다. 이 책을 읽는 모든 분에게 마음 따뜻한 감동과 희망의 메시지가 전해지리라고 확신합니다.

유 요 한
한강중앙교회 담임목사

🍎 고귀하고 아름다운 가족 이야기

먼저 고백하겠습니다. 저는 홍기옥 여사를 만나기 전까지 홍충희 애국지사님을 전혀 몰랐습니다. 3·1운동을 알았고, 대종교를 알았고, 청산리전투를 알았지만 홍충희 애국지사님은 몰랐습니다. '나라에 충성하는 것을(忠) 기쁨으로 여기라(熹)'는 함자 뜻 그대로 조국을 위해 모든 것을 바쳤던 그분을 몰랐습니다.

그래서 이 책의 집필을 도우면서 어느 정도 독립운동에 관해 알고 있다고 여겼던 오만을 버렸습니다. 다시 공부했습니다. 하나둘씩 독립운동가들의 발자취를 깊이 있게 알아 갈 때마다 하염없이 눈물이 흘렀습니다. 만약 나라면 그렇게 할 수 있었을까? 얼마나 두렵고 외롭고 힘들었을까….

그 절박한 노력을 헤아리지 못했던,

그 의로운 이름을 기억하지 못했던

저 자신이 한없이 부끄러웠습니다. 이제 우리는 청산리전투를 떠올릴 때 김좌진, 홍범도 이외에 '홍충희'라는 이름과 그의 조국 사랑을 기억해야 합니다.

홍기옥 여사를 만날 때마다 긍정의 에너지를 느낍니다. 나긋

나긋한 성품, 고운 매무새, 영민한 두뇌는 90세인 지금도 반짝 반짝 빛이 납니다. 그러다가도 불의를 보면 분연히 일어서는 뚝심은 아버지로부터 물려받은 것임에 틀림없습니다. 과연 그 아버지의 그 딸입니다.

이 책은 인간의 삶을 돌아보고 기록하는 에이징커뮤니케이션센터의 첫 번째 레거시(legacy) 프로젝트입니다. 나라를 위해 모든 것을 내놓은 한 사람과 그 사람을 둘러싼 가족의 삶이 얼마나 깊은 서사와 울림을 주는지 체감할 수 있었습니다. 독립운동가와 그 가족의 삶을 우리에게 생생하게 전해 준 『백범일지』『제시의 일기』의 명맥을 잇는 또 하나의 감동적인 에세이입니다. 우리는 무엇을 남기고 어떻게 기억돼야 할까요? 저는 이 고귀하고 아름다운 가족의 삶을 통해 용기와 희망을 얻었습니다. 여러분도 이 가족의 장엄하고 따뜻한 이야기에 귀 기울여 보시기 바랍니다. 고맙습니다.

홍 명 신
에이징커뮤니케이션센터 대표
한양사이버대 실버산업학과 겸임교수

∎ 목차 ∎

1부 **아버지의 길**

1부

아버지의 길

무관학교 출신의 대한제국 장교

나의 아버지 홍충희(洪忠熹)는 1878년 12월 29일 서울 종로구 도렴동 113번지에서 태어나셨다. 고종이 나라를 다스리던 시절이다. 호는 우봉(禹峰)이다. 우리 집안의 10대조 홍이상 선생은 사헌부 대사헌을, 16대조 홍종한 선생은 증통정대부 이조참판을, 18대조 홍희영 선생은 자헌대부 이조판서를, 19대조 홍명주 선생은 정헌대부 병조판서를 지내셨다. 그런 사대부 집안의 외아들이었다.

우리 집안 성씨는 풍산 홍씨이며 모당공계 지계공파 22대가 나의 할아버지 홍완식 선생이고, 23대가 우리 아버지다. 아버지는 체격이 당당했고 말수가 적으셨다. 어려서부터 한학을 배우셨고 주변 사람들이 아프면 한약을 직접 조제해 줄 정도로 한의학에 해박한 지식을 가지고 있으셨다.

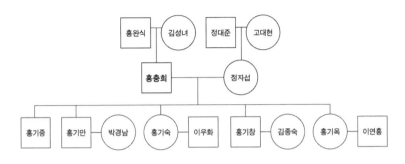

홍충희 애국지사 가계도

1898년 대한제국의 사관학교라고 할 수 있는 대한제국 무관학교가 창설됐다. 아버지는 이곳에 입학해 1903년 보병과 2기로 졸업하고 육군 참위(지금의 소위)로 임관했다. 후에 상하이임시정부 국무위원으로 활동한 조성환 선생과 동기다. 1907년 스물아홉 되던 해에 육군 부위(지금의 중위)로 승진했지만 그해 8월 1일 대한제국 군대가 해산됐다. 당시 우리나라에는 1만 명도 되지 않는 소규모 정규군밖에 없었다고 한다. 현재는 북한을 제외하고 한국의 정규군만 48만 명에 다다른다. 안타깝고 서글프다. 을사늑약으로 외교권을 박탈하고 한일신협약(정미7조약)을 체결해 내정간섭 권한을 확보한 일본은 그 작은 군대마저 해산시켜 버렸다. 군대가 해산되던 날, 시위 보병 제1대대장이 분함을 이기지 못하고 자결했고, 군인들이 일본 군대에 맞서 시가전을 벌였으나 탄약 부족으로 더 이상 항전을 이어 갈 수 없었다.* 대한제국 군인들은 뿔뿔이 흩어져 의병에 합류하거나 후일을 다짐했다.

가정적으로는 집안에서 맺어 준 황해도 해주 출신의 정자섭과 혼인했다. 그분이 바로 나의 어머니다. 해주는 우리나라 독립운동의 한 획을 그은 걸출한 인물들을 배출한 지역이다. 안중근 선생, 김구 선생의 고향이 해주다. 나의 외조부 정대준 선생은 5자매를 두셨는데 자섭이 막내딸이었다. 학교가 없던 시절이라 가정에서 천자문을 익혔지만 배움의 욕구가 컸고 한시를 곧잘 읊으셨다. 어머니는 1915년 첫아들 기만**을, 1918년 첫딸 기숙을 낳았다. 집안은 안정되고 평온했지만 바깥 사정은 그렇지 못했다.

* 이기백(1990), 『한국사신론』, 서울: 일조각.
** 우리 집안에서는 첫아들을 홍기만으로 알고 있었는데 과거 가족 관계를 증명하는 문헌을 확인해 보니 홍기중으로 기록돼 있었다. 홍기중은 어린 시절에 사망한 것으로 추정돼 이 글에서는 첫아들을 홍기만으로 표기했다.

기미년 3·1운동

아버지 나이 41세이던 1919년 3·1운동이 일어났다. 아버지는
3·1운동 민족대표 33인 가운데 한 사람인 권동진 선생을 도와
참여했다. 권동진 선생은 아버지와 같은 군인 출신으로 갑신정
변 때 대궐에서 고종을 호위하는 임무를 맡았으며 천도교의 손
병희 선생, 오세창 선생 등과 함께 독립운동을 추진하면서 종
교계의 3·1운동 참여 연대를 모색한 인물이다. 일제강점기에는
종교도 민족과 독립이라는 지향점을 벗어날 수 없었다. 예컨대
1909년 대종교로 부활한 단군 신앙은 주권을 잃어버린 암울한
시기에 민족의 정체성을 찾게 해 준 희망의 메시지였다. 대종
교는 언어·역사·철학을 통해 한국인으로 살아갈 수 있는 방향
성을 제시했다. '한글'이라는 명칭을 처음 사용한 선각자와 독

립운동가들이 대종교를 믿고 따랐다. 아버지도 가장 치열하게 항일운동을 전개한 종교인 대종교에 귀의했다.

대종교는 일찍이 1911년 만주 무장투쟁의 효시로 꼽히는 항일 단체인 중광단(重光團)을 조직했다. 초기에는 정신교육과 단원 확보에 주력했다. 자금과 인력이 모이면서 독립전쟁을 위한 군사 전문가의 필요성을 절감했다. 대한제국 장교 출신들을 영입하고 대종교계 군사 전략가들을 만주로 집결시켰다. 아버지도 예외가 아니었다.

무장투쟁에 동참하기 위해 만주로 떠나기 전 아버지는 독립운동 자금을 마련하려고 조상으로부터 물려받은 토지와 가옥을 모두 매각했다. 아내와 상의하지도 않고 홀로 결단을 내렸다. 외동아들인지라 처자식을 믿고 맡길 형제나 부모가 없었기 때문에 형제처럼 지내던 김주사라는 지인에게 가족을 돌봐 달라고 부탁했다.

아내에게는 딱 두 가지 선물을 남기셨다고 한다. 양산 하나와 가방 하나.

조선시대 여성들은 바깥출입을 할 때 가마를 타고 이동했기 때문에 소지품을 갖고 다닐 필요가 없었다. 그러다가 전차 같은 새로운 교통수단이 나오고, 여성들의 외부 활동이 잦아지면서 가방을 드는 문화가 생겼다. 당시 가방은 신여성을 상징하는 아이템이었다. 동시에 장옷으로 얼굴을 가리던 여성들이 더 이상 장옷을 쓰지 않게 되면서 맨얼굴을 사람들 앞에 내놓는 상황이 되자 멋스럽게 얼굴을 가릴 수 있는 소품으로 양산을 선택했다고 한다. 가방과 양산이 살지 죽을지도 모르는 먼 길을 떠나는 남편이 아내를 위해 고른 마지막 선물이 된 것이다.

청산리전투 제2보병 중대장… 대대장 역할을 맡다

청산리전투는 한국 무장 독립운동사에서 가장 빛나는 승리의 역사다. 이순신 장군이 명량대첩에서 조선 수군의 10배가 넘는 왜적을 탁월한 지략과 불굴의 정신으로 무찌른 것처럼 1920년 10월 중국 지린(吉林)성 허룽(和龍)현 이도구·삼도구 일대에서 독립군 연합부대는 일본 정규군을 상대로 압도적인 승리를 거뒀다. 『항일독립운동사』에 따르면 2,800여 명의 독립군이 막강한 장비로 무장한 일본군과 맞붙어 이룬 쾌거이며, 일본군 사상자 규모는 가노오 연대장을 포함하여 3,300여 명에 이르렀으나 독립군은 전사 60여 명, 부상 90여 명에 불과했다. 사실 참전자와 사상자의 규모는 문헌에 따라 크고 작은 차이가 있지만 그 어떤 기록을 참조하더라도 독립군의 눈부신 활약을 결코

부인할 수 없기에 '청산리대첩'으로 부르기도 한다. 우리는 청산리전투 하면 김좌진·홍범도·이범석 선생만 떠올리는 경향이 있다. 그 승리를 위해 목숨을 내건 수많은 독립투사가 있었는데도 말이다.

아버지가 남기신 메모·추도사를 번역하고 관련 논문과 신문을 읽으면서 청산리전투에서 아버지가 어떤 역할을 하셨는지 입체적으로 그려 나갈 수 있었다. 동시에 논문을 보면 볼수록 섭섭한 마음도 감출 수 없었다. 대한제국 군인 출신 독립운동가를 다룬 논문에서 아버지의 존함을 찾을 수 없었고, 어떤 논문이나 기록에는 홍충휘, 홍충희 등으로 성함이 잘못 기술된 경우도 있었다. 이는 피신 생활을 하면서 쓰셨던 홍충의(洪忠意), 홍충관(洪忠觀), 홍충헌(洪忠憲), 홍충길(洪忠吉) 같은 가명과도 연결되지 않았다. 더 늦기 전에 많은 연구가 이뤄져야 할 것으로 생각된다. 아버지의 메모는 서울을 떠나 만주에서 어떤 이들을 만났는지, 어떻게 청산리전투를 치르고 중국에 정착하게 됐는지 알려 줬다.

1920년 8월 4일*

아버지 나이 42세에 김규식·김찬수 선생 등과 함께 경원선 열차를 타고 북간도로 떠나셨다. 서울을 출발한 지 일주일 만

---

* 아버지가 남기신 자료의 기록이 음력으로 기록돼 있어 이를 양력으로 변환해 기록했다.

인 8월 11일 중국 지린성 왕칭(汪淸)현에 있는 북로군정서에 도착했다. 대종교는 중광단을 대한정의단(大韓正義團)으로, 다시 대한군정부(大韓軍政府)로 발전시켰는데 아버지는 청산리전투의 주력부대였던 대한군정서 개편에 직접 참여했다. 당시 간도에서 활약하던 무장 단체 가운데 신흥무관학교를 주축으로 한 서간도의 독립군 단체는 '서로군정서(西路軍政署)'로, 대종교를 중심으로 북간도에서 결집된 대한군정서는 '북로군정서(北路軍政署)'로 불렸다. 그다음 날에는 사관학교 학생들을 만났고 병력 육성 책임을 맡았다.

1920년 8월 15일

아버지는 제2중대장으로 임명됐다. 같이 망명길에 오른 김규식 선생은 제1중대장, 김찬수 선생은 제3중대장으로 나란히 보직을 받았다. 아버지는 당시 만났던 사람들의 이름과 자신의 보직을 일일이 기록해 두셨다.

총재 서일, 부총재 현천묵, 참모장 이장녕·나중소, 서무부장 계화, 재무부장 윤정현, 내무부장 김성, 외교부장 정신, 모지부장 이홍래·엄숭, 운반부장 양현, 조사부장 이성래, 군사령관 겸 학교장 김좌진, 학도대장 박두희, 보병 제1중대장 김규식, 제2중대장 홍충희, 제3중대장 김찬수, 제4중대장 오상세

1920년 9월 15일

보병 대대와 여행단, 일반 임원 등 700여 명이 총출동해 군수품을 실은 차량 30여 대를 인수하기 위해 지린성 왕칭현 대감자로 향했다. 이 병력 중 사관생 200여 명은 귀대하고 90여 명은 개편 여행단 소속의 스무 살 이범석이 영솔했다. 이날은 아침부터 큰 비가 내려 홍수가 범람해 물 높이가 허리까지 차올랐다. 9월 하순부터 아버지는 대대장직을 겸직했다고 기록했다.

사관학교에서 길러 낸 전투 인력, 새롭게 확보한 무기, 전투 경험이 있는 지휘체계까지 구축됐으니 결전을 위한 준비가 끝난 셈이다.

일반적으로 청산리전투는 10월 21일부터 26일 사이에 벌어진 전투를 말하는데, 여름부터 전투 준비가 착착 진행됐던 것 같다.

1920년 10월 21일

청산리 부근 촌락에서 방어선을 치고 야영하기 시작했다. 적군의 포위를 피해 후태령을 넘어 북진하면서 독립군 부대가 일본군 1개 중대를 전멸시켰다.

1920년 10월 22일

새벽 4시경 행군해 완루구의 우거진 숲속에 매복해 일본군 기병 30명을 무찌르고 일본 보병 중대를 연속으로 습격했다.

매복하면서 포화를 집중한 결과 대승을 거뒀다. 한 달이 채 못되는 짧은 훈련을 거친 소수 병력으로 하루 종일 전투에 매진해 이룬 뜨거운 성과였다. 해가 지고 칠흑 같은 어둠이 내려와 앞뒤 분간조차 어려워지자 전투가 중단됐다. 소부대 단위로 흩어져 후방지역에 모일 것을 명령했다. 아버지는 최근 3일 전투에서 우리 독립군은 한 사람도 목숨을 잃지 않았다며. 당시 여러 자료를 바탕으로 일본군 전사자를 1,700~3,280명으로 추산했다. 그리고 승리 원인을 세 가지로 분석했다.

첫째, 전투에 이로운 지세를 득함이요,

둘째, 열혈의 정신이요,

셋째, 천지신우(天地神佑) 즉, 하늘과 땅과 신의 도움을 얻은 것이다.

실제로 우리 독립군이 매복한 곳은 지형적으로 청산리 지역에서도 폭이 가장 좁고 좌우 양편으로 절벽이 높으며 그 사이로 넓은 공지가 펼쳐져 있었다고 한다. 그런 지형을 택하고 작전을 펼친 그 모든 것이 독립군의 역량이었음에도 승리에 들뜨지 않았다. 겸손하고 감사하는 자세로 임했다. 이후 독립군이 헤이룽장(黑龍江)성 밀산으로 근거지를 옮기는 과정, 서로군정서와의 합동작전, 1921년 독립군의 러시아령 이동 등이 언급돼 있었다.

북로군정서는 1921년 봄, 내부적으로 중요한 결정을 내린다. 지속적으로 독립군에 가담할 사람들을 확보하고 교육해야 할 필요성을 느꼈기 때문이다. 40세를 기준으로 두 집단으로 나눠 그 이하는 무장투쟁에 계속 가담하고, 그 이상은 노년층으로 분류해 후방에서 독립군에 참가할 청년들을 모집하는 역할을 맡기로 했다. 당시 44세였던 아버지가 후방지원 쪽으로 방향을 틀 수 있는 전환점이 됐던 것 같다.

독립군에 1921년은 뼈아픈 시간이었다. 한인 청년 군사교육에 무기, 양곡, 피복, 후생 등 모든 것을 지원해 주겠다는 러시아 붉은 군대를 믿고 러시아령으로 이동했다가 무장해제를 당하고 수많은 독립군이 목숨을 잃은 자유시 참변을 겪었다.

『한국독립운동인명사전』의 계화·김찬수 선생 편에 따르면 1923년 11월 아버지는 북만주에서 활동하던 20여 명의 요인과 남북만주 독립운동 단체의 통일을 추진했다. 다양한 지역, 인력, 신념을 기반으로 자생해 온 독립군 단체들의 힘을 집결해야 한다는 판단을 하셨던 것 같다.

1925년 3월 북만주 지역의 독립운동 단체들이 효과적인 항일투쟁을 이어 나가고자 재만한족총연합회로 불렸던 신민부(新民府)를 결성했다. 이때 아버지는 오랜 친구인 김찬수 선생과 함께 군사부 위원으로 참여했다.

아버지가 꿈꿨던 세상

아버지는 어떤 세상을 가슴속에 품고 계셨을까? 어머니는 아버지께서 '만인 평등' '인본주의' 가치를 소중히 여겼다고 늘 말씀하셨다. 양반 출신이었지만 자신의 기득권을 스스로 내려놓았다. 자택을 매각하면서 하인들도 모두 풀어 줬다. 계급사회가 사라져 '모두가 존중받는 인간으로, 다 같은 한국인이 돼야 한다'고 믿었다. 여기에 낡고 빛바랜 종이에 쓰인 귀일당(歸一黨) 강령은 아버지가 꿈꿨던 세상을 두 눈으로 확인시켜 줬다. 귀일당은 대종교의 비밀조직으로 1926년 만주에서 시작됐다고 알려져 있지만 1919년 즈음에 이미 결성된 것으로 보인다. 요즘의 정당과 유사한 조직이었는데, 그 창당 강령을 보고 놀라지 않을 수 없었다.

- 배달족 정신을 공고히 함으로써 자유를 회복하고 조국을 광복한다.
- 우리 문화를 부양해 세계에 복리를 보급한다.
- 정의롭게 대동귀일해 힘써 행동한다.

그 암울한 상황에서도 조국의 독립이 최종 목표가 아니었다. 우리의 문화적인 힘으로 세계를 이롭게 하겠다는 품위 있는 기상! 그 원대한 꿈과 간절한 염원이 오늘날 방탄소년단(BTS)의 노래에 세계인이 열광하고, 한국 음식·드라마·영화가 지구촌의 새로운 흐름을 만들어 나가는 기틀이 되지 않았을까.

하얼빈에서 펼친 애국계몽운동

아버지는 망명 초기에는 무장투쟁을 했지만 시간이 지나면서 교육과 선교를 중심에 두셨다. 대종교라는 울타리 안에서 홍익인간을 중심으로 하는 교리, 독립운동, 민족 교육은 떼려야 뗄 수 없는 관계를 유지하며 함께 굴러갔다. 대종교는 다수의 교육기관을 설립하고 운영했다. 1922년부터는 만주 지역 한인 촌락에서 청년 교육을 위해 교편을 잡았다.

1934년에 이르러서는 김영숙·김서종 선생과 함께 헤이룽장성 하얼빈 안평가에 대종교 선도회를 설치하고 애국계몽운동에 매진했다. 민족문화 말살정책에 정면 도전하는 활동을 눈엣가시처럼 여겼던 일제는 1942년 우리의 언어와 얼을 억압하기 위해 조선어학회와 대종교를 집요하게 탄압했다. 한국에서는 조선어학회 회원들을 강제로 연행해 재판에 회부하는 조선어학회 사건을 일으켰고, 만주에서는 대종교를 중심으로 활동하던 인물들을 검거하는 임오교변(壬午敎變)이 일어났다. 대종교가 단군문화를 가르치고, 조선정신을 배양해 민족자결 의식을 고무시키는 조직이며 조선 독립을 최후의 목적으로 하고 있다는 게 이유였다. 수십 년간 산전수전을 겪으며 꿋꿋하게 독립운동을 떠받쳐 온 애국지사들이 20명 이상 검거됐다. 얼마나 모질게 고문했는지 투옥된 인사 중 10여 명은 옥사하고 말았다. 이때 일본은 대종교가 그동안 축적해 온 자료와 소중한 문서들까지 모두 없애 버렸다. 임오교변으로 믿고 의지해 온 동지들을 잃은 아버지는 기약 없는 피신 생활을 할 수밖에 없었다.

일제의 매질로 고초를 겪으신 어머니

아버지가 만주로 떠나신 뒤 가진 돈도 없이 작은 집에서 남매를 기르며 홀로 사는 어머니를 일본 형사들은 가만두지 않았다. 걸핏하면 잡아다 투옥하고 고문했다고 한다. 어머니가 일본 형사들한테 붙잡혀 가면 이틀이나 사흘간 매질과 고문을 당하기 일쑤였다. 독립운동 정보를 캐고, 아버지를 어디에 숨겼느냐고 취조하고 협박했다. 그럴 때면 어린 남매가 집을 지켰다. 청운국민학교(현 초등학교)에 다니던 아홉 살 꼬마, 큰오빠 홍기만은 졸지에 가장이 됐다. 세 살 아래인 여섯 살짜리 여동생의 밥을 해 먹이고 어머니를 기다린 것이다. 보온밥솥이 없던 시절이라 오빠는 밥을 지어 주발에 담은 다음 아랫목에다 놓고 이불을 덮어 놨다고 한다. 어머니가 고문당하고 돌아오셨을 때

식은 밥을 드실까 봐…. 겨울에는 불을 때어 이불 밑에 어머니가 갈아입으실 솜바지저고리를 깔아 놓고 기다리기도 했다. 어머니가 오시면 따뜻하게 입혀 드리려고 말이다. 동네 사람들이 효자 났다며 어쩌면 저 어린것이 엄마를 저리 챙기느냐고 말했다고 한다. 아홉 살밖에 안 됐는데 벌써 철들어 버린 것이다.

김 주사는 아버지와의 약속을 지키기 위해 가을엔 추수를 해서 1년 양식을 실어다 주고, 봄에는 채소를 가져다주는 등 우리 가족을 몇 년간 도우셨다. 그렇게 한 2~3년이 지나자 어머니는 굳은 결심을 하셨다. 이렇게 아무 수입 없이 남에게 의탁해 살아가는 모습을 아이들에게 더는 보이면 안 되겠다는 생각이 들었다고 하신다. 김 주사가 무언가 가져올 때마다 자녀들이 "이게 어디서 오는 거야?" "이걸 누가 주는 거야?"라고 묻는 게 곤혹스러웠을 것이다. 가족도 친척도 아닌 분이 도와주는 것이었으니 더욱 그랬다. 어머니가 결심을 굳힌 데는 남녀가 유별했던 당시 시대적 배경도 한몫한 듯하다. 그 시절의 굳은 언약은 오늘날과는 비교할 수 없을 정도로 무거웠다. 김 주사는 김 주사대로 아버지와의 약속을 지키려고 "무언가 섭섭하신 게 있느냐" "제발 도와드리게 해 달라"고 간청했지만 어머니의 의지를 꺾지는 못했다.

도움을 거절한 어머니는 바느질을 시작했다. 바느질 솜씨가 좋다고 소문나 일거리가 끊임없이 들어왔다. 문제는 형사들에게 언제 잡혀갈지 모른다는 것이었다. 한번 잡혀가면 바느질

납기일을 지킬 수 없었다. 다행히 일을 맡긴 분들도 우리 집 사정을 이해하고 참아 준 덕분에 스스로 벌어 아이들을 기를 수 있었다. 어머니는 바느질 일감이 마땅치 않을 때는 군복공장에 나갔다. 얼마나 아이러니한 일인가. 남편은 독립운동을 하고 있는데 아내는 일본 군인의 군복을 만들고 있는 현실이! 일본 형사들은 어머니가 공장에서 일하고 있다는 것을 어떻게 알아냈는지 공장까지 쫓아와 어머니를 잡아간 적도 있었다. 그러면 공장에도 못 나가고 집에서 하염없이 바느질감을 기다릴 수밖에 없었다.

만주로 이동하는 가족들

아버지와 헤어진 지 9년여 만에 밀사가 찾아왔다. 깊은 밤을 틈타 아버지의 메시지를 전했다. 빨리 떠날 준비를 하라고. 가족들에게 가하는 일제의 탄압이 더 거세질 것이라는 정보를 아버지가 입수한 듯했다. 어머니는 살림도 제대로 못 챙기고 어디로 향하는지도 모른 채 아버지가 보낸 동지를 따라 남매와 함께 야반도주하듯이 만주로 갔다. 당시 중국과 한국은 일본이라는 동일한 적과 대치하고 있어 중국 정부가 독립운동에 협조적인 면도 있었다.

헤이룽장성 하얼빈 안평가에 자리 잡았을 때다. 아버지의 성품을 알려 주는 일화가 하나 있다. 먹을 것이 넉넉하지 않을 때이니 앞마당에 텃밭을 가꿔 자급자족했다. 어느 날 고추씨의

싹이 트자 아버지는 외출하면서 잡풀을 제거해 달라고 아내에게 당부했다. 평생 농사일을 해 본 적이 없던 어머니는 잡초와 고추를 구분하지 못하고 고추 싹을 모조리 뽑아 버렸다. 아버지가 집에 돌아와 보니 텃밭은 초토화돼 있었다. 아버지는 낙담하셨겠지만 아무 내색도 하지 않았다. 아내를 꾸중하거나 역정 내지도 않고 고추 싹과 잡초의 차이점을 자상하게 설명해 주셨다고 한다. 어머니는 그때 자신의 어처구니없는 실수와 아버지의 세심한 가르침을 두고두고 말씀하셨다.

하얼빈에서의 삶

그 후 하얼빈 펠란자로 이주하신 것 같다. 중국인이 구해 준 집에서 1929년 작은오빠 홍기창이, 1934년 내가 태어났다. 헤이룽장성은 러시아와 국경을 접하고 있어 러시아의 영향을 많이 받았다. 실제로 러시아인들도 많이 살았다. 하얼빈에서 우리가 살던 집은 러시아인이 지은 일종의 연립주택이었다. 옆집에는 중국인이 살고 또 그 옆집에는 러시아인이 살았다. 워낙 오래 전 일이라 그 집 주소가 기억나지 않았는데 이 책을 쓰면서 떠올랐다. 사문 사탕가에 있는 '라파포르트'라는 건물이었다.

하얼빈은 연평균 기온이 약 3도밖에 되지 않을 정도로 추운 곳이다. 겨울에 외출하려면 모자를 큰 것, 작은 것 2개를 겹쳐 쓰고 두 눈만 내놓고 나가야 한다. 눈물이 얼어 속눈썹에 바로 고드름이 달린다. 눈썹에 달린 고드름을 떼면서 걸어야 할 만큼 춥다. 그래서 사람뿐만 아니라 집에도 두툼한 옷을 입힌다. 출입문만 하더라도 나무문에 대패질한 나무, 솜 같은 것을 잔뜩 넣고 그 위에 가죽을 입혀 못을 박아 놓은 형태로 만든다. 마치 두꺼운 가죽의자처럼. 그래서 문을 닫아도 쾅 소리가 잘 나지 않는다.

그 집에는 비밀의 방이 있었다. 문을 열면 방이 하나인 것처럼 보이는데 들어가면 작은방이 하나 더 있었다. 아버지는 늘 그곳에 숨어 계셨다. 거기서 2~3일 지내시다가 일을 보고 오시곤 했다. 늘 감시를 받았기에 그렇게 사실 수밖에 없었다. 가족들과 식사도 마음 놓고 하지 못했다. 아버지는 답답함을 달래기 위해 비밀의 방에서 글을 쓰시거나 대금을 불곤 하셨다. 가끔은 중국인들이 깍듯한 자세로 "따꺼(형님)!"라고 부르면서 아버지를 찾아왔다.

옆집에 살던 중국인들이 이사 가고 러시아 두 가족과 우리 가족이 한 울타리 안에 거주하게 됐다. 나는 러시아에서 온 톨랴·밀랴 남매와 놀았다. 새벽이 되면 아이들의 엄마가 소젖을 짜러 나갔는데 그 집 남매와 함께 구경을 갔다. 그때마다 올케언니가 병을 하나 쥐여 줘 소젖 짜는 것을 구경한 뒤에는 우유를 얻어 왔다. 올케언니는 그것을 중탕해 소독한 뒤 우리에게 나눠 줬다. 러시아 이웃들은 노란 계란, 빨간 계란, 파란 계란을 만들어 줬다. 그때는 그게 부활절 달걀이라는 것을 몰랐다.

러시아 아이들과 놀기도 하고 계란도 받았지만 작은오빠는 다섯 살 많다며 점잔을 떨었다.

마당에는 장독대가 있었다. 우리 집 옆에 장독대를 만들고 장을 담았는데 사람들이 가끔 와서 장을 얻어 갔다. 우리도 러시아 수프를 만드는 데 쓰이는 토마토케첩 같은 것을 얻어 오고 어떨 때는 밥을 같이 먹기도 했다. 당시엔 러시아어도 몇 마디 했는데 지금은 너무 오래돼 기억이 잘 나지 않는다. 그래도 간단한 숫자를 세거나 인사 정도는 한다.

그 시대에는 배급을 받아 살았다. 일본은 '닛께이', 한국은 '센께이', 중국은 '망께이'라고 부르면서 배급품으로 지급하는 쌀과 설탕에도 차별을 뒀다. 요즘에는 흑설탕을 선호하지만 그 당시엔 새하얀 백설탕은 일본인들에게만 지급했다.

나는 하얼빈에서 초등학교를 다녔다. 금강소학교였는데 당시 만주 지역을 일본이 점령하고 있던 탓에 우리는 일본어로 국어, 산수 등을 배웠다. 선생님도 학생도 모두 한국인이었지만 일본어로 수업하고 호칭도 일본 이름만 쓸 수 있었다. 나도 홍기옥이라는 이름 대신 도요야마 준코(豊山淳子)로 불렸다. 학교를 다니기 위해선 어쩔 수 없는 일이었다. 담임인 다케다 선생님도 징병돼 우리를 가르치다가 대동아전쟁에 일본군으로 나가야 했다. 우리는 선생님들이 애처로워 "선생님! 선생님!" 하면서 엉엉 울었다. 학교 밖을 나오면 중국 아이들과 중국어로 말을 하고 집에 돌아오면 한국어를 사용해야 했다. 집안에서는 외국어를 사용하지 못하게 하셨다. 특히 일본어는 절대로 쓸 수 없었다.

금강소학교에서 가장 친했던 친구는 오빠의 담임 김바라 선생님의 딸이었다. 작은오빠가 6학년이고 내가 1학년이었는데 수업이 끝나면 우리는 학교에 남아 함께 놀았다. 운동장에서 뛰어놀기도 하고, 교실 바깥에서 기다리고 앉아 장난도 치고 공기놀이도 하면서 친구는 오빠의 담임선생님인 아버지를 기다리고 나는 6학년생인 작은오빠를 기다렸다. 작은오빠가 수업을 마치면 같이 집으로 돌아왔다. 학교에서 집까지의 거리가 10리나 되는 먼 길이어서 혼자 오기 어려웠다.

그때는 한 동네에서 중국 아이, 일본 아이, 한국 아이, 러시아 아이들이 섞여 놀았다. 우리 아버지는 일본 아이들과는 어울리지 못하게 하셔서 주로 집에 있어야 했다. 아마도 일본 아이들에게 해를 입을까 봐 그러셨던 것 같다. 더러 중국 아이들이나 작은오빠 친구들과 함께 놀고 싶었다.

"오빠, 나도 시켜 줘."

"야, 쟤도 시켜 주자."

오빠가 불러 주면 너무나도 기뻤다. 그렇게 나는 작은오빠 친구들과 어울려 땅따먹기도 하고, 자치기도 하면서 놀았다. 소학교 1학년 무렵 집에서 넘어져 팔이 부러진 적이 있다. 근처에 병원이 없어 치료할 방도가 없자 어머니는 유도를 하는 분을 불러 내 팔을 맞추게 했다. 덕분에 응급 상황은 간신히

넘겼지만 그분이 내 팔꿈치 각도를 잘못 맞춰 주는 바람에 지금도 팔꿈치 방향이 삐뚤어져 있다. 그 팔을 보고 있노라면 의사 한 번 만날 수 없었던 그 시절 우리 가족의 고단했던 삶이 떠오른다.

광복이 되던 날

1945년 8월 15일, 광복을 맞이했다는 것을 중국 라디오에서 들었다. 하얼빈 시내가 온통 떠들썩했다. 한국인은 태극기를, 중국인은 중국 국기를 들고 나왔다. 일본이 물러간 것이니 기쁨의 만세를 목 놓아 불렀다. 나는 그때 열한 살이었다.

광복 후 하얼빈 시내는 무법천지였다. 패망한 일본인들은 귀국 준비를 하면서 타 국민의 멸시를 받았다. 중국인과 러시아인들은 승리감에 도취돼 있었다. 체격이 큰 러시아 군인들이 가정집 문을 두드리고 다녔다. 우리 가족은 숨어 사는 처지이다 보니 아무리 문을 두드려도 모른 척하는 경우가 많았다. 문에 옷을 입힌 덕분에 아무리 문을 거칠게 쳐도 꽝꽝 소리 대신 푹푹 소리만 났기에 그나마 견딜 만했다. 어느 날 가족들이 문을 여닫는 순간, 집에 따라 들어온 러시아 군인이 집 안을 쏘다니며 "워치 다와이(시계 내놔라)!"라고 소리 질렀다. 손목에 차고 있던 시계, 가락지, 심지어 안경까지 마구 약탈해 갔다. 그렇게 당하고 살았지만 호소할 곳이 없었다.

아버지의 귀국

1945년 겨울, 아버지는 서울로 떠나셨다. 넓은 옷깃에 털이 달린 두꺼운 외투인 '슈바'를 입고 털이 달린 중절모를 눌러쓰시고 계셨다. 왼쪽엔 송별하러 온 중국인들, 오른쪽엔 큰오빠 홍기만의 호위를 받으며 현관을 나섰다. 대한민국이 일본의 억압에서 벗어나 광복을 맞이했기 때문에 개선장군처럼 당당하게 환국하시는 모습이었다. 3·1운동부터 이어진 26년간의 독립운동에 마침표를 찍었다. 요즘 같으면 부둥켜안고 뽀뽀도 하고 다정한 인사를 했을 법도 한데…. 잘 다녀오겠다는 말 한마디 없이 그저 꿋꿋한 모습으로 뒤도 한 번 돌아보지 않고 현관을 나가셨다. 그 모습이 내 눈에 남은 전부다. 그래도 아버지의 모습이 섭섭하지 않았다. 아버지는 원래 그런 분이셨기에 그게 당연하다는 생각이 들었다.

'아버지께서 한국, 조선이라는 곳으로 가시는가 보다. 거긴 어떤 곳일까? 좋은 곳이겠지. 어머니가 항상 말씀하시던 대로 산이 푸르고, 냇물이 맑게 흐르며, 하늘이 눈부신 곳이겠지'. 그런 상상의 나래를 펴면서 언젠가 데리러 오실 거라고 믿으며 멀리멀리 바라봤다.

떠나신 지 얼마나 지났을까? 어느 날 저녁 무렵 낯선 남자들이 우리 집을 찾아왔다. 분위기가 음산스러웠다. 그 기세에 눌려 "엄마, 무서워! 저 사람들이 우리를 잡으러 왔나 봐"라며 뒤로 물러섰다. 어머니 낯빛이 평소 같지 않았다. 그들은 1946년 1월 18일 서울에서 아버지가 돌아가셨다는 소식을 전해 왔다. 죽음이 무엇인지도 모를 나이에 마음속 소망이 한꺼번에 사라지는 것 같았다. 마음이 철렁 내려앉으면서 앓아누워 버렸다. 어머니는 "아비 얼굴도 잘 못 보고, 안겨 보지도 못했는데 왜 이렇게 이 아이가 넋이 나갔느냐"며 슬퍼하셨다. 그날의 슬픔은 78년이 지난 지금도 생생하기만 하다. 아버지는 평생 쫓기고 싸우며 숨어 사는 삶에서 벗어나 8·15 광복이라는 환한 햇살을 받고 가슴 벅찬 희망의 환희를 느끼셨을 것이다. 그 기쁨을 제대로 맛보지도 못한 채 노구를 이끌고 고국 땅에 발을 디딘 지 한 달도 못 돼 갑자기 소천하신 것을 생각하면 지금도 가슴이 쓰리고 아파 참을 수가 없다. 인생의 무상함이여…. 그러나 나라를 되찾기 위해 그 고귀한 희생을 하신 것은 백번,

천번을 다시 생각해 봐도 분명 보람 있고 감사한 일이다.

서울에서 동지들과 함께 아버지의 장례를 치른 큰오빠가 우리에게 연락해 왔다. 연로한 아버지께서는 추운 12월, 한 달에 걸쳐 한국으로 가는 여정이 몹시 힘드셨다고 한다. 지금 같으면 한창 활동할 나이지만 그 당시 68세는 상당히 연로한 나이였다. 지금은 하얼빈에서 서울까지 2시간이면 비행기를 타고 오갈 수 있지만 당시에는 철도와 차편을 계속 갈아타면서 이동해야 하는 멀고 먼 길이었다. 아버지는 중간 지점인 황해도 해주에 처가가 있으니 영양 섭취도 하고 조금 쉬었다가 서울로 향할 계획을 세우셨던 것 같다. 막상 해주에 도착하니 처가가 흔적도 없이 사라졌다는 사실에 몹시 실망하셨다고 한다. 일제의 만행으로 그리된 것인지 정확한 영문은 알 수 없었지만 제대로 쉬지도 못하고 그 추운 겨울에 여행길에 다시 올랐다. 평소에 영양가 있게 잘 먹고 지낸 분도 아니지 않은가. 게다가 전후의 복잡한 시국을 목도하면서 몸도 마음도 쇠잔해져 유명을 달리하시게 된 것이다. 특별한 지병은 없으셨다고 들었다.

원래 우리 집안의 선산은 일산에 있었다. 우리 가족이 만주에 가 있는 동안 종중의 어떤 분이 그 선산을 멋대로 매각해 버렸다는 소식을 들었다. 오빠는 그 땅을 되찾기 위해 한국에 돌아와 백방으로 노력했고, 겨우 일부를 다시 찾을 수 있었다. 그곳에 아버지를 모셨다. 그 선산은 경기도 고양시 일산동 산60번지였는데 지금은 일산 신도시의 일부가 돼 흔적조차 찾을 수 없다.

홍충희 애국지사의 일산 묘지(왼쪽부터 홍기옥, 이주리, 이근식)

  아버지의 장례식이 경황없이 치러진 탓에 1946년 2월 25일
독립운동을 같이한 동지들이 추도식을 지내 주셨다. 아버지의
추도식은 『대동신문』 2월 24일 자에 '조국 광복의 순국한 고 홍
충희 선생의 추도식'이라는 제목으로 기사화됐다. 추도문에는
'눈물 섞인 조문을 드리게 되니 옛 기억과 새 슬픔이 함께 넘친
다. 지금 여기 모인 우리들은 당신과 함께 무너지려는 국가의
간성을 자부하던 장교 일동, 청산리 송림 속에서 주린 배와 약
한 병력으로 수천의 왜적을 섬멸하던 동지들, 만주 황야에서
망국의 한스러운 눈물을 뿌리며 단군 한배의 교화를 선포하며

배달의 정신을 부식하려던 대종교 교우들로 나라를 새로 건설
하고 세계 평화를 맹세한' 사람들이라고 적혀 있었다.

 그 후 아버지는 1977년 12월 13일 건국훈장 독립장 훈장을
박정희 대통령으로부터 추서받으셨고, 1991년 6월 19일 일산
선산 묘지에서 대전현충원으로 안장되셨다. 애국지사 1묘역
289다. 아버지의 묘비에는 이렇게 적혀 있다.

 "우봉 홍충희 지사님은 기미독립운동에 참가하고 만주로
 망명하여 북로군정서에서 항일투쟁을 하시고 우리나라 독립
 운동 사상 최대 전과를 거둔 청산리전투에 대대장 서리 겸
 제2중대장(주력부대장)으로 용명(勇名)을 떨치셨다. 이는 임
 의 지극하신 민족애와 조국 광복을 염원하신 애심(哀心)의
 발로였으니 임께서 남기신 거룩한 발자취 따라 우리 모두 영
 원무궁 이어 가리니 부디 편히 잠드소서."

온 가족이 김치장사를 하며

큰오빠는 하얼빈에 있는 가족들이 한국으로 귀국하기를 기다리며 서울에 머물렀다.

하얼빈에 있는 우리 가족은 일단 먹고살아야 했고, 고국으로 돌아갈 여비도 마련해야 했다. 먹고살려고 별의별 일을 다 했다. 그러다가 하는 수 없이 온 가족이 김치장사를 시작했다. 어머니는 날마다 김치를 담그셨다. 일본인 마을과 중국·러시아 가정을 방문해 판매했다. 작은오빠와 언니가 둥근 물통에 김치를 하나 가득 담아 나무 대에 끈을 매어 들고 다니며 팔러 다녔다.

어느 날에는 나도 따라나섰다. 장사는 그럭저럭 되는 듯했다. 어떤 집은 또 오라고 하고, 어떤 집은 대놓고 거절했다. 다시 오라는 곳은 수첩에 적어서 기록하며 새로운 판매처를 확장해 나갔다. 일본인들에게도 김치를 팔지 않을 수 없었다. 일본인들은 한국인을 멸시해 "닌니쿠 쿠사이네(마늘 냄새가 구리다)"라며 밀어내기 일쑤였지만, 어떤 이는 "오이시네(맛있다)"라며 반겼다. 중국인들에게도 김치를 팔았다. "하오, 하오쯔(좋아, 맛있어)"라며 구입하는 사람이 있는가 하면 "워 뿌요우(필요 없다)"라며 배척하는 이도 있었다. 러시아인도 마찬가지였다. "하라쇼(좋다)"라며 김치를 사는 사람, 상냥하게 웃으면서 거절하는 사람, 손사래를 치는 사람, 욕하며 내쫓는 사람, 침 뱉는 사람 등 거절하는 방법도 가지각색이었다. 그들을 보면서 나라면 어땠을까, 사회생활을 하면서 거절할 때는 어떻게 하면 좋을까 등 상대방에게 아픔을 주지 않고 행동하는 방법을 깊이 생각하는 계기가 됐다. 그렇게 자금을 모은 우리 가족은 이듬해 여름 하얼빈을 떠났다. 어머니, 언니 내외, 작은오빠, 조카 둘(광자, 용환), 거기에 다른 가족 20여 명이 한국으로 향했다.

두만강의 달밤

1946년 음력 7월 16일, 중국 측 두만강 끝자락 작은 도시 투먼(圖們)에 도착했다. 강가에 있는 허술한 집에서 저녁을 먹고 기다리다가 안내자를 따라 배를 타고 두만강을 건넜다. 사실 두만강은 한강보다 작았지만 당시 열두 살인 내게는 굉장히 넓고 큰 강으로 다가왔다. 푸른 물결이 찰랑거리는 모습에 공포에 질려서 어른들의 뒤꽁무니만 쫓아다녔다. 어른들은 커다란 짐을 등에 지고 있었고, 나는 100일 된 조카를 업고 있었다. 조카를 등에 업고 어른들을 열심히 쫓아 서울까지 가는 게 나의 역할이었다.

노를 저어 나가는 작은 배에 우리 가족 일행이 탔다. 휘영청 달 밝은 밤에 찰랑거리는 강물이 은빛 화살처럼 강 위에 넘실

거렸다. 바람이 세게 불면 배가 기우뚱거려 어린 마음에 몹시 무서웠다. 어렵사리 강을 건너 투먼에서 떠난 배는 함경북도 남양이라는 두만강 변 도시에 도착했다. 난생처음 밟아 보는 조국 땅이었다. 배에서 내리자마자 우리 일행을 인도해 온 안내자가 빨리 옥수수밭 깊숙이 들어가라고 손짓했다. 우리는 옥수수밭으로 숨어들어 갔다. 바람이 세차게 불었다. 그곳은 국경 지역이라 감시가 만만치 않았다. 보안요원들이 배에서 내린 사람들이 이리로 간 것 같은데 어디로 이동했느냐고 꼬치꼬치 물어보고 다녔다고 한다. 모두 숨죽이고 은신해 있는데 여섯 살짜리 조카 광자가 "까까 줘. 까까 줘"라며 할머니를 조른다. 우리 모두 발각될까 봐 조카를 어르느라 애썼다. 다행히 바람 부는 소리가 워낙 거세 광자의 목소리와 달래는 소리가 묻혀 버렸다. 옥수수가 워낙 크게 잘 자랄 때였고 거센 강바람 소리 덕을 톡톡히 본 셈이다. 그날이 작은오빠의 생일이어서 아직도 또렷이 날짜를 기억하고 있다.

죽을 고비를 넘기고 안내자의 지시에 따라 마을로 들어섰다. 안도의 한숨을 쉬었다. 어느 초가집에서 짐을 풀고 정신없이 잤다. 어른들은 걱정에 잠을 못 이뤘겠지만 우리들은 푹 잤다. 이튿날 새벽 작은오빠는 나와 조카들을 데리고 인근 밭으로 뛰어 내려갔다. 못 보던 환경이라 두리번거리며 밭 가운데로 들어갔다. 풀 한 포기가 유난히 커 보였다. 오빠가 잡아서 뽑아보니 밑에 감자가 주렁주렁 달려 있었다. "가져다가 쪄 먹자!"

소리를 지르면서 마구 뽑아 덜렁덜렁 달린 감자 줄기를 흔들면서 뛰었다. 뒤에서 누군가 "그거 놓고 가"라고 외친다. 감자밭 주인이었던 것 같다. 우리는 달렸다. 감자 서리였다. 그 당시만해도 어린아이들의 서리는 눈감아 주는 분위기였다. 다행히 쫓아오는 사람을 따돌리고 마을로 숨어들었다. 잡히지 않았지만 숨이 차고 가슴이 벌렁벌렁거렸다. 거처로 돌아온 우리는 감자를 삶아 먹었는데 그 맛이 아직도 기억난다. 참 맛있었다. 처음 본 한옥도 그렇고 어린 마음에 모든 게 신기했다. 큰 고생이란 생각 대신 그저 어른들의 뒤만 쫓았다. 새로웠다.

그런데 큰일 났다는 소식이 전해졌다. 우리 일행 중 한 분이 보안소에 잡혀간 것이다. 보안소에서 "어디서 왔느냐? 어디로 가느냐?"라고 물었는데 그분이 "만주 하얼빈에서 왔다. 서울로 간다"고 큰소리로 대답했다. 보안요원은 다시 "서울은 왜 가느냐?"고 물었다. 그는 "내 고향에 가는데 무슨 문제냐"라며 대들었다. 보안요원은 "이놈아, 평안도 말씨를 쓰는데 어떻게 고향이 서울이냐"고 응수하면서 장대로 그를 때리기 시작했다. 힘들게 고국에 돌아왔는데 일행이 이유 없이 매질 세례를 받았으니 답답하고 무서운 노릇이었다. 그 소식을 들은 형부가 무언가를 뭉쳐 들고 가서 보안서 사람들과 타협을 했다. 매질을 당했던 사람이 풀려났다. 그곳을 떠나 남쪽으로 향하기까지 보름이나 걸렸다.

이동 허가가 가까운 도시로밖에 나지 않아 인접한 다음 도시로, 또 그다음 도시로 조금씩 나아가면서 가까스로 함경북도 청진으로 향하는 열차를 타러 갔다. 청진역에 당도해 보니 열차 문을 사람 몸만 간신히 빠져나갈 수 있을 만큼 좁게 열어 줬다. 짐을 들고 갈 수 없는 형국이었다. 우리 일행은 출발을 다음 날로 미루고 되돌아와 짐을 다시 꾸렸다. 하얼빈을 떠날 때 대나무로 엮어 만든 상자에 짐을 넣어 왔다. 안팎을 헝겊으로 백비를 해서 가리고 그 안에 여비와 옷가지를 넣었다. 백비는 소중한 물건을 감추기 위한 방법으로, 우리 가족의 경우 상자 골격에다가 종이를 깔고 돈을 넣은 뒤 그 위에 다시 종이를 감싼 다음 헝겊에 풀칠해 고리상자를 헝겊으로 싸는 방식을 사용했다. 부피가 클 수밖에 없었다. 결국 어머니가 소중히 간직해 온 조바위와 한복, 아버지의 유품을 제외하고 거의 모든 옷을 버린 덕분에 다음 날은 겨우 기차를 탈 수 있었다. 그날 저녁 우리 가족은 청진 식당에서 좁쌀밥을 맛봤다. 커다란 밥상에 김치와 찌개가 반찬으로 나왔다. 좁쌀밥이라 주발에 수북이 담아 준 밥알이 쏟아져 내려 숟가락질을 할 수 없을 정도였다. 그래도 주린 배를 채우는 데 도움이 됐다. 그 후 기차를 몇 번 더 갈아탔는지 기억이 없다.

드디어 개성에 도착했다. 그곳에서 처음으로 산을 봤다. 하얼빈은 광활한 평지였기에 그렇게 높은 산을 본 적이 없었다. 개성에서는 걸어서 산을 넘어야 했다. 등산 경험이 없는 데다 언니의 아들 응환을 업고 산을 올라야 했다. 비틀거리며 몇 번을 넘어질 뻔하며 산을 내려오니 트럭이 기다리고 있었다. 서울까지 트럭을 타고 갔다. 우리가 내린 곳은 서대문경찰서 앞이었다. 하얼빈을 떠난 지 30일 만에 서울에 도착했다. 멀고 먼 길이었다. 여권도 없었고 최종 목적지를 숨긴 채 도시에서 도시로 이동하는 허가증만 갖고 서울로 온 것이다.

우리가 트럭에서 내리자마자 지나가던 사람들이 우르르 몰려들어 우리 가족을 둘러쌌다. "피란민이 왔다"고 소리 지르면서 우리를 에워쌌다. 마치 동물원의 동물을 구경하는 것 같은 표정이었다. 알 수 없었다. 이 사람들이 왜 우리를 이렇게 대하는지…. 나중에야 이유를 들었는데 우리가 구경거리가 된 것은 옷차림 때문이었다. 당시 서울 사람들은 평상복으로 고무신에 한복을 주로 입었다. 우리는 러시아식 양장을 하고 있었다. 뭐랄까, 스타일이 서구적이었다고나 할까. 그곳에선 '뽈라치'로 불리는 원피스를 평상복으로 입었다. 당시 55세이던 어머니가 쪽 찐 머리에 원피스를 입고 굽이 있는 구두를 신고 계셨으니 그 새로운 스타일을 구경하려고

우산을 든 사람이 언니 홍기숙이고 모자를 쓴 아이가 홍기옥이다. 한복이 아닌 서양 복식을 하고 있다.

사람들이 구름처럼 모여들었던 것이다.

큰오빠는 서울에 남아 아버지 장례를 치른 다음 한국으로 돌아올 가족들을 위해 냉천동에 있는 육촌 오빠 집에 단칸방 하나를 빌려 놓았다. 작은오빠는 그 방에 들어가자마자 미닫이문을 발로 툭툭 치면서 무너질 것 같다고 말했다. 아홉 식구가 방 한 칸에서 3~4개월을 함께 지냈다. 다 같이 앉아 있기도 힘든 콩나물시루 같은 방이었다. 하는 수 없이 어머니와 나는 밤에 주인집 식구들 옆에 끼여 자야 했다. 김치장사로 번 돈은 여비로 모두 썼고 빈손으로 고국에 돌아왔으니 어쩔 수 없는 노릇이었다.

2부

나의 길

금강소학교에서 미동초등학교로

하얼빈에서 금강소학교를 4학년까지 다니다가 광복을 맞이하면서 중퇴했다. 2년 만에 서울 서대문에 있는 미동초등학교에 6학년으로 전학 왔다. 큰오빠가 준비해 준 덕분에 10월 초 학교에 갈 수 있었다.

미동초등학교 6학년 4반이었다. 첫날은 교실 맨 뒷자리에 앉았다. 담임선생님이 나를 불러 세우고는 "오늘부터 여러분과 함께 공부하게 됐다"고 소개했다. 반 학생들이 낯선 듯이 바라봤다. 전학한 10월은 운동회를 앞둔 시기여서 조를 짜서 매스게임을 준비하느라 바빴다. 그래서 수업 시간이 많지 않았다.

첫 시간은 국어 수업이었다. '황희 이야기'가 학습 내용이었다. 내 차례가 되자 선생님이 일어나 책을 읽어 보라고 하셨다.

그전에 "한글을 읽을 수 있지?"라고 물으셨다. 한글 기초를 집에서 배웠기에 자신 있게 안다고 대답했다. 자리에서 일어서긴 했는데 제목부터 읽기가 힘들었다. '황' 자를 '하'라고 읽어야 할지 '호'라고 읽어야 할지 헷갈렸다. "선생님, 어려워 못 읽겠습니다"고 말할 수밖에 없었다. 선생님은 못마땅한 표정으로 "읽는 데까지 읽어 봐"라고 다그치셨다. 당황한 기색을 내비쳤더니 그제야 앉으라고 했다. 눈물이 솟구쳤다. 처음 당해 본 멸시 어린 눈초리였다.

다음 날 산수 시간에는 시험을 봤다. 분수를 배우긴 했으나 덧셈, 뺄셈 정도였다. 그런데 시험에는 100 단위의 분자 분모가 있고 덧셈, 뺄셈, 곱셈, 나눗셈이 모두 들어 있는 2개의 문제가 나왔다. 어찌할 바를 몰라 멍하니 앉아 있었다. 손을 들었다. 선생님이 무슨 문제가 있느냐고 하시기에 "이런 것을 아직 배우지 않아 잘 모르겠습니다"고 말씀드렸다. "그래? 알았으니까 번호와 이름만 써서 내면 돼!"선생님의 말씀에 안도했다. 정상을 참작해 주려나 보다 생각했다. 이튿날 시험 결과를 발표하면서 "홍기옥 빵점"이라고 말씀하신다. 왈칵 눈물이 쏟아졌다. 부끄럽고 창피해 얼굴을 들 수 없었다. 집에 돌아와 학교에 가지 않겠다고 떼를 썼다. 어머니와 오빠의 계속된 설득에 다시 학교에 가기로 마음먹었다.

10월 말 치러질 가을 운동회를 준비하느라 매스게임 연습이 한창이었지만, 전학생인 나는 짝꿍이 없어 구경만 해야 하는 처지였다. 뒤떨어진 공부를 보충하기로 했다. 누가 가르쳐 주는 게 아니라 나 혼자 복습하는 식이었다. 피란민 학생인 내게는 공책을 빌려주는 친구조차 없었다. "쟤 피란민이래, 하얼빈에서 왔대"라면서 아무도 상대해 주지 않았다.

내가 신은 고무신도 문제였다. 하얼빈에서 귀국한 지 얼마 되지 않아 우리 가족은 남성용 고무신과 여성용 고무신을 구분하지 못했다. 내 신발을 사러 간 오빠는 여성용 고무신이 아닌 남성용 검정 고무신을 사 왔다. 내가 검정 고무신을 신고 학교에 가자 6학년 남학생들이 "따따따따 남자 고무신! 남자 고무신 따따따따!" 하면서 놀려 댔다. 요즘으로 치면 '왕따'였던 셈이다.

흔히 서울 사람들은 '네'라고 하는데 '예'라고 발음한다며 놀림을 받고, 만주에서 피란 왔다며 수군대는 바람에 날마다 속상한 마음이 쌓여 갔다. 오빠는 어딜 가든 그런 일은 겪게 된다며 이겨 내야 한다고 말했다. 학교 가기를 거부하는 날이 많아지고 점점 울보가 됐다. 그런 나를 가족들이 달래고 설득해 결국 학교를 계속 다녔다.

마음을 다잡고 반 아이들에게 구걸하다시피 공책을 빌려달라고 했으나 피란민이라며 들은 척 만 척했다. 다행히 한 착한 친구가 조심스레 다가와 공책을 건넸다. 나는 그의 따스한 손을 잡았다. 그 덕에 한 달간 열심히 국어를 읽고 또 읽을 수 있었다. 집에서는 주로 산수 공부를 했다. 중학생이었던 작은오빠에게 가르쳐 달라고 하면 "100번 풀어 보고 연습한 다음에도 안 되면 그때 와"라는 말을 반복했다. 어머니께 "오빠가 공부를 안 가르쳐 줘요"라며 울먹였다. 이러다가 4학년으로 강등되지 않을까 걱정하며 2년간의 간극을 최대한 좁혀 보려 안간힘을 썼다. 혼자 산수 문제를 풀고 또 풀었다. 오빠에게 물어보지 않으려고 무던히 애썼다. 그런 어려움을 감내하면서 혼자 공부 하는 요령을 터득하고 인내심도 기를 수 있었다.

그럭저럭 한 달이 지나고 운동회도 끝났다. 그다음 달 중순 쯤 일제고사를 치렀다. 국어와 산수 두 과목만 시험을 봤다. 6학 년에는 5개 반이 있었다. 남학생 3반, 여학생 2반. 열심히 한다 고 했지만 결과는 예측할 수 없었다. 다음 날 아침 6학년 담임 선생님들이 차례로 우리 반에 들러 홍기옥이 누구냐고 물으셨 다. 교실 밖에서 빼꼼히 들여다보고 웃으시며 "너구나" 하며 지 나가셨다. 이상한 일이었다. 뒤늦게 기다란 출석부를 옆에 끼 고 홍혜은 담임선생님이 싱글벙글 웃으며 나타나셨다. "대단 해. 잘했어"라며 내 어깨를 툭툭 치셨다. 선생님은 교단에서 내 게 나오라고 손짓했다. 속으로 '시험을 잘 봤나?'라고 생각했다. 담임선생님은 "부르거든 앞으로 세 걸음 나와 출석부를 받고, 다시 뒤로 세 걸음 물러서 출석부를 옆에 끼고 저쪽으로 돌아 서 나가라"며 열심히 설명해 주셨다. "알겠니?"라는 다짐도 잊 지 않으셨다. '선생님이 나를 바보로 아시나'. 고개를 갸웃거리 며 "네, 알겠습니다"라고 대답했다. 잠시 후 6학년 전 학생이

운동장에 모이는 조회 시간에 학생 대표로 호명됐다. 이번 일제고사에서 1등을 한 덕분이었다.

그 시험 이후 '왕따'에서 완전히 벗어났을 뿐만 아니라 친구들의 사랑을 듬뿍 받게 됐다. "기옥아, 나하고 놀자. 우리 집에 갈래?" 친구들 집으로도 자주 초대받았다. 옷차림을 보고 놀리고 고무신 때문에 받은 조롱도 사라졌다. 피나는 노력을 한 끝에 성취감을 맛봤다. 모든 멸시와 경멸, 따돌림에서 해방되는 순간이었다. 이상한 아이에서 동등한 친구로 격상된 것이다.

6·25전쟁의 발발

초등학교 졸업 후 어느 중학교로 진학할 것인지 선택해야 했다. 구세주와도 같았던 단짝 친구 김봉자가 무용반이 있는 숙명여중을 간다고 했다. 같이 숙명여중을 갈까 하다가 6학년 5반 홍동현 선생님이 이화여중을 추천하셨다. 이분은 담임선생님의 동생이다. 어머니는 궁궐에서 설립한 진명여중이나 숙명여중을 가라고 말씀하셨다. 그때 육촌 언니의 권유로 진명여중 시험을 보고 합격했다.

이후 고등학교에 진학할 때는 학제가 바뀌는 전환기였다. 이전에는 중고교가 5년제로 돼 있었는데 중학교 3년, 고등학교 3년으로 분리됐다. 새로운 제도를 풍문여고, 이화여고, 진명여고에 시범적으로 적용했다. 진명여중을 졸업한 뒤 진명여고에 합격

해 6월 4일 입학식을 마쳤다. 그리고 며칠 안 돼 6·25전쟁이 발발했다.

그 전쟁이 우리 모두의 운명을 또다시 뒤흔들어 놓을 대사건이 될지 그때는 몰랐다. 포탄 소리 때문인지 뒤숭숭해 새벽에 잠이 깼다. 전쟁이 터져 경기도 의정부 쪽에서 독립문 방향으로 북한군이 쳐들어온다고 야단들이었다. 다음 날 등교했는데 학생들이 거의 없고 어수선해 그 뒤로는 학교에 가지 않았다. 북한이 점령한 서울에는 여성 동맹원이 집집마다 조사를 다니면서 여성들을 색출해 갔다. 또 공산당원인지 보안위원인지 하는 이들이 사람을 잡으러 다니고 거기에 반장들이 동원됐다. 결국 큰오빠는 다락에 숨고 작은오빠는 전북 고창으로 피신했다.

집에 있으면 여성 동맹원이 잡으러 올 것 같아 매일 장사를 하러 나갔다. 아침 일찍 자하문 바깥으로 나가 능금과 자두를 한 접씩 받아 독립문 근처 영천시장에서 팔았다. 학생 신분이 드러날까 봐 수건을 뒤집어쓰고 장사를 했다. 점심 먹으러 갈 돈도, 시간도 없어 파는 과일 중 잘 익은 것을 몇 개 골라 먹으며 배를 채웠다.

9월 중순에 올케언니가 조카 중석을 낳았다. 큰오빠의 둘째 아들이다. 쌀이 떨어져 산미를 구하기 위해 집에 있는 물건을 내다 팔기로 했다. 미군이 쓰는 물품은 모두 비싸게 거래되던 시절이라 해병대에 다니던 조카 응덕이 두고 간 미군 담요를 팔기로 결정했다. 어머니와 둘이서 서대문 근처 홍파동에서 동대문까지 걸어갔다. 동대문에 상업고등학교로 건너가는 다리가 있었는데 갑자기 포탄이 쏟아졌다. 그날이 인천상륙작전으로 서울에서 전투가 벌어질 줄 몰랐던 우리는 갖고 나간 담요를 쓰고 돌다리 기둥을 부둥켜안고 있었다. 돌기둥에 '탁탁탁탁' 총알이 부딪히는 소리가 났다. 비행기 폭격이 잠잠하기를 기다리는 동안 담요를 팔지도 못하고 산미를 사지도 못한 채 저녁이 됐다. 갈 때는 서대문 방향으로 갔는데 돌아올 때는 사직동 쪽 언덕을 넘어 왔다. 중앙청이 폭격으로 불타고 있었다.

집에 다다르자 믿기 어려운 광경이 펼쳐졌다. 우리 집이 활활 불타오르고 있었다. 갈 곳이 없었다. 어머니의 친정 조카이자 나의 육촌 오빠인 정규황의 집으로 발길을 재촉했다. 사직동 언덕에 자리한 그 집은 마당에 슬레이트를 쳐 놓은 곳이 있었다. 화재 피해를 본 다른 주민들도 그 집으로 몰려들었다. 그날 밤을 거기서 보내고 다음 날 우리 집으로 가 보니 여전히 불타고 있었다. 다른 집의 불은 꺼졌는데도 말이다. 겨울을 대비해 마루 밑에 연탄의 일종인 조개 알탄을 사 뒀는데, 그것이 불쏘시개 역할을 하면서 무려 열흘을 타올랐다. 하얼빈에서 귀국할 때 정말 어렵게 갖고 온 자료, 사진, 옷가지, 세간살이들이 모두 그렇게 사라졌다. 아버지의 청산리전투 관련 자료, 독립운동 활동을 기술해 놓은 자료가 눈앞에서 불타고 있었다. 앞으로 어찌 살아가야 할지 두려웠다. 가족들에게 이 사실을 어떻게 전해야 할지 난감했다. 만약 그때 화재가 나지 않았더라면 어땠을까…. 아버지의 활동을 증빙하는 자료도 더 많이 남아 있지 않았을까 하는 아쉬움이 크다.

산모와 아기의 행방을 찾기 위해 동네 사람들에게 수소문해 보니 서대문 감리교신학대 기숙사 쪽으로 피신하는 것을 봤다고 했다. 서대문 쪽에서 독립문 방향으로 내려가자 도로에 사람이 없어 막 건너가려 할 때 총알이 날아왔다. 이미 도로 중간이라 피할 곳이 없었다. 총알이 빗발치는 거리를 마구 내달렸다. 아스팔트 위로 불꽃이 튀면서 팍팍 부딪쳤다. 그 광경을 보면서도 16세의 나는 그냥 총알 사이를 마구 달렸다. 어려서 용감했던 걸까. 서울에 미군이 들어오고 북한군이 퇴각하면서 대접전이 벌어진 것이다. 기숙사 지하실에 도착하니 큰오빠 내외와 아기가 있었다. 큰오빠는 먼저 어머니의 안부를 물었다. 우리 모두 살아 있음에 안도했다.

임시로 머물던 육촌 오빠 집에 돌아와 보니 마당에 설치해 둔 슬레이트가 폭격을 받고 있었다. 그 와중에 머리에 파편을 맞아 피가 줄줄 흘러내렸다. 수건으로 머리를 감싼 채 혼자 서대문 적십자병원까지 걸어갔다. 워낙 심한 부상자가 많아 한참을 기다렸다. 내 순서가 왔는데 소독약 한 번 발라 주더니 괜찮다며 거즈로 상처 부위를 싸매 돌려보냈다. 다행히 상처가 덧나지는 않았지만 지금도 머리 뒤편에 흉터가 남아 있다. 우리 집을 화재로 잃어버리고 공덕동에 있는 어머니의 친구 허주사 댁으로 가서 몇 달을 지냈다. 모두 불타 버려 입을 옷이 없었다. 경남 진해에 사는 형부가 그 소식을 듣고 서울까지 찾아와 시장에서 옷감과 먹거리를 사 주셨다. 덕분에 허주사 댁 아주머니의 재봉틀로 옷을 만들어 입었다.

두 번째 피란, 두 번째 전학

우리 가족이 하얼빈에서 한국으로 돌아왔을 때 언니네 가족은 서울이 아니라 진해에 자리 잡았다. 현재 아버지와 함께 찍은 사진을 딱 한 장 갖고 있다. 그건 언니가 진해로 가면서 그 사진을 간직하고 있었기에 가능한 일이었다.

아버지와 찍은 가족사진을 보면 모두 겨울옷을 입고 있다. 가운데 앉아 계신 아버지는 트레이드마크인 삼각수염을 멋지게 기르고 있다. 어머니는 앞줄 왼쪽에 자리 잡으셨고, 옆에 있는 남자 꼬마 아이가 작은오빠다. 큰오빠는 양복을 입고 올케 언니와 함께 뒤에 서 있다. 오른쪽 앞에 아기를 안고 있는 예쁜 여인이 언니 홍기숙이고, 그 아기가 나다. 어떻게 온 가족이 단정한 차림으로 사진을 찍었는지 모르겠다. 아마도 나의 첫돌

1935년 하얼빈에서 찍은 홍충희 애국지사의 가족사진 (전쟁기념관)

때가 아닌가 싶다. 이 사진을 볼 때마다 아버지와 어머니가 사무치게 그립다.

언니네가 진해에 살고 있어 1·4후퇴 때는 언니네 집으로 피란을 갔다. 우리 가족의 두 번째 피란길이었다. 이번엔 추운 겨울바람을 맞으며 짐이 잔뜩 실린 트럭 꼭대기에 타고 인천으로 갔다. 인천에서 군함을 얻어 타고 진해로 이동했다. 모두 뱃멀미를 하며 힘들어했는데 다섯 살 조카 홍명순 하나만 배 아래위를 다니며 심부름을 했다.

형부는 진해에서 군납회사를 운영 중이었다. 진해에서는 언니 집에서 지내 그나마 편안한 편이었지만 전쟁이 터진 뒤로는 학교에 가지 못해 참으로 답답했다. 작은오빠는 군대에 입대했지만 7~8명의 친정 식구가 아무런 기약 없이 언니 집에 얹혀살고 있었다. 차마 학교에 보내 달라는 말이 나오지 않았다. 언니가 나서 학교에 보내 주자고 말하기도 쉽지 않은 상황이었다. 어느 날 형부가 처제는 왜 항상 울고 있느냐고 물었다. 언니는 학교에 가고 싶어서라고 이야기해 줬다. 형부는 바로 진해여고 교장선생님을 만나 나의 전학을 부탁했다. 그렇게 1년 만에 진해여고에 다니게 됐다.

이번에도 처음엔 모르는 것이 많았다. 거의 10개월을 학교에 못 다녔으니 공부하는 게 참 좋았다. 두 번째 피란 생활이요, 두 번째 전학이었다. 여기서도 학생들의 텃세가 만만치 않았다. 피란민인 내가 공부를 잘하는 것을 못마땅하게 여기는 학생도 있었다. 어떤 학생은 '학교에서 우등생은 사회에서 열등생'이라는 일본 격언을 일본말로 하면서 대놓고 놀렸다. 또 어떤 학생은 내가 시험에서 부정행위를 하는 걸 봤다고 해 역사 선생님과 독대해 재시험을 치른 적도 있다. 전날 시험 본 내용을 거의 정확하게 다시 써 낸 덕분에 점수를 그대로 인정받을 수 있었다.

진해는 육·해·공군 기지가 있어 사관학교도 몰려 있었다. 3군 사관학교 교수진은 사관생도들뿐 아니라 잔여 시간을 이용해 진해여고 학생들도 가르쳤다. 유명 소설가인 이무영 선생이 국어를 가르치고, 서양화가 유경채 교수가 미술을 가르쳤다. 최고의 교수진이 수업을 맡았다. 그래서 진해여고 대학 진학률이 굉장히 높았다. 졸업 때는 우리 학교 교장선생님이 진명여고에 연락해 준 덕분에 나는 진해여고와 진명여고 양쪽에서 졸업장을 받았다.

홍기옥의 진해여고 졸업장(전쟁기념관)

홍기옥의 진명여고 졸업장(전쟁기념관)

한 학생이 두 고등학교에서 동시에 졸업장을 받은 것은 전쟁 중 피란 생활을 하면서 고교 과정을 마쳤기에 가능한 일이었다. 나의 이 특별한 2개의 졸업장을 전쟁기념관에 영구 기증했다. 전쟁도 꺾지 못한 한국인의 뜨거운 교육열을 역사가 기억할 수 있도록 하기 위해서였다.

반전의 기회가 된 분홍신* 사건

　화면 가득히 아름다운 선율을 타고 분홍신이 나풀거리며 사뿐히 날아오른다. 우리는 '와!' 하고 환호하면서 황홀한 화면에 빠져들었다. 숨죽이고 다음 장면을 기다리는 침묵을 깨고 "나가" 하는 소리와 함께 극장 양쪽 문이 환하게 열리면서 무엇인가 탁탁 치는 소리가 났다. 화들짝 놀란 우리는 자리에서 일어나 달아나기 시작했다. '선생님이다. 이제 죽었구나'라는 생각이 스쳤다. 그러면서도 '우리가 무엇을 잘못했지? 봐서는 안 될 것을 본 것도 아니잖아. 다른 학교에서는 다 관람한 예술영화

---

* 영화 〈분홍신(The Red Shoes)〉은 영국에서 제작됐으며 무용을 주제로 한 로맨스 영화다.

〈분홍신〉을 관람시켜 주지 않은 학교가 잘못이지'라는 생각에 화가 났다. 극장 문을 지키던 훈육선생님과 담임선생님께 모두 잡혀 학교로 끌려왔다.

"누가 주동자이냐"는 질문에 "저요" 하고 손을 들었다. "저요." "저요." 결국 세 사람이 앞으로 나왔다. 다른 친구들은 교실로 돌아갔다. 우리 셋은 교무실로 끌려가 사실상 퇴학 처분을 받았다. 두 손 모아 용서를 구했으나 부모님의 소환으로 이어졌다.

어머니는 한숨을 쉬며 어쩌자고 그런 짓을 했냐고 걱정이 태산이셨다. 내 변명을 듣고는 "그래, 그것이 잘못이 아니라면 선생님이 원치 않는 일을 했으니 그것이 잘못이 아니겠느냐"며 입을 닫으셨다. 나를 착실한 모범생으로 아셨을 테니까 더는 말씀을 안 하시는 것 같았다. 퇴학 처분을 받은 세 학생의 어머니는 담임선생님과 교장선생님 앞에서 말씀을 듣고 계셨다. 다른 어머니와 달리 우리 어머니는 머리가 하얗게 세고 환갑이 넘은 할머니였으니 교장선생님이 놀라신 모양이다. 두 손을 모으고 머리를 조아리며 철없는 막내딸의 탈선을 사죄하고 계셨다. 피란살이 중이었지만 어머니는 풍채가 당당하시고 고우셨다. 교장선생님과 어머니는 한참을 이야기하셨다. 3명의 학생은 멀리서 죄인 같은 모습으로 웅크린 채 고개를 숙이고 앉아 있었다. 시간이 얼마 지난 뒤 선생님들과 어머니 세 분이 나오시며 퇴학은 면하고 일주일 정학을 받게 됐다고 말씀하셨다.

이후 우리는 사흘간 정학한 뒤 복교했다.

　이번 사건이 있기 전 학기 초에 내게 도에서 지급하는 장학금이 나왔다. 형부 집이 넉넉하다고 생각한 선생님은 형편이 어려운 학생들에게 기회를 주자며 내게 양보하라고 말씀하셨으나 불응했다. 서울에서 대식구가 피란 와 언니네에 얹혀사는데 아버지도 안 계시고 겨우 언니, 오빠의 도움으로 공부하고 있어 장학금을 절대 양보하지 못한다고 했다. 빨리 졸업해 돈을 벌어 독립해야 한다고 고집을 부렸다. 선생님은 고개를 끄덕이며 "그래야지, 알았다" 하시면서 더는 묻지 않으셨다. 그러나 자세한 사정을 모르는 선생님들은 나를 이기적인 학생으로 생각하신 듯싶다.

　분홍신 사건 이후 아버지의 독립운동과 우리 집 사정을 듣게 된 교장선생님은 고등학생인 내게 당신의 조카와 공부하라고 부탁하셨다. 처음에는 같이 공부할 공간도, 시간도 없다며 사양했다. 몇 번의 거절 끝에 결국 고등학생인 내가 고등학생인 교장선생님 조카와 공부하게 됐다. 요즘으로 치면 과외교사로 채용된 셈이다. 나는 경제적인 도움을 받았고, 그 학생은 성적이 향상돼 모두에게 만족스러운 결과를 가져왔다. 이로써 스스로 벌어 학비를 감당하는 경제적 독립의 서막이 올랐다. 암담했던 분홍신 사건이 행복으로의 전환점이 된 것이다.

　교장선생님은 다른 한편으로는 나를 시집보내려고 하셨다. 육사 졸업생 중 우수한 장교라면서 어머니에게 차례로 사진을 보내셨다. 한 번 거절하고 두 번 거절했다. 세 번째는 내가 화를 벌컥 냈다. 그때 대학에 가겠다는 의지를 표했다.

어머니의 간절한 기도

어머니는 언젠가부터 간절히 기도를 드리셨다. 장독대 위에 정화수를 떠 놓고 기도하셨다. 무슨 소원을 비는지는 알 수 없었다. 아버지의 영향으로 대종교를 믿으시는 것 같았다. 아버지는 독립군을 정신적으로 결속시킬 목적으로 대종교에 전념했고 망명 생활 내내 대종교에 관여하셨다. "무슨 기도를 하세요?" 어머니께 물었다. "너희들 다 잘되라고 하지!" 간단명료한 대답에 막연히 그렇구나 생각했다. "뭘 그렇게 날마다 기도하시냐"며 다그쳐 물은 적도 있다. 어머니는 "기도할 게 많다"고 짧게 답하시곤 계속 기도를 올리셨다.

하루는 "어머니, 제 말 좀 들어 보세요. 미술선생님이 미대를 가래요. 어떻게 할까요?"라고 물었다. 어머니는 "이 피란살이에 무슨 환쟁이가 되려고 하느냐"며 꾸짖으셨다. "담임선생님은 영문학과를 가라고 하시는데…"라고 말을 흐리자 대뜸 어머니는 "너 대학 떨어지라고 기도 올린다"고 이야기하셨다. 어이가 없었다. 그때까지 전쟁이 빨리 끝나기를 소망하는 기도라고 생각했다. 어머니는 "피란살이에 언니 집에 얹혀살면서 오빠가 대 주는 돈으로 공부하는 것도 감사하지. 아버지도 안 계신데 대학까지 가겠다고 하는 네가 철이 있는 아이니, 이 철부지야"라고 덧붙이셨다. 그 말씀을 들으면서 '아, 정말 부모가 다 있는 보통 아이들도 대학을 못 가는데 피란살이하면서 지나쳤나? 교장선생님 말씀대로 시집이나 가야 하나?'라는 생각이 들었다. '그건 아니지! 대학에 꼭 가야 해. 어머니의 기도는 안 들을 거야'. 밤새 고민하다가 내린 결론이었다.

어느 날 큰오빠가 진해로 왔다. 강원도에서 일하기 때문에 자주는 못 오고 한 달에 한 번씩 생활비를 주려고 어머니를 찾았다. 큰오빠가 올 때마다 어머니는 기도하고 계셨다. 그날도 장독대 앞에서 기도하는 어머니를 보고는 "무슨 기도를 그렇게 열심히 하세요?"라고 여쭸다. "전쟁이 끝나 환도도 해야 하고, 너희들 다 잘되라고…. 시국도 그렇고 기도할 일이 하나둘이더냐" 어머니의 대답에 오빠는 고개를 끄덕였다. "곧 그렇게 될 거예요." 더는 참을 수가 없어 큰오빠에게 어머니의 속내를 말씀드렸다. "아니래! 나 대학 떨어지라고 하는 기도래." 큰오빠가 놀라는 기색으로 대답했다. "네? 아니, 왜 그러세요? 기옥이가 가고 싶다는데…." 어머니는 "지금이 어떤 때냐? 나라는 남북이 전쟁 중이고 고등학교도 못 다니는 아이들이 쌓였는데 고등학교 졸업하면 됐지. 교장선생님은 육사 졸업한 장교에게 시집보내라고 사진까지 서너 장 보여 줬는데 철이 없어도 그렇지. 말이 되냐"며 되레 역정을 내셨다.

"그래도 갈 거야. 오빠가 첫 등록금만 좀 내 주세요!" 나는 굳은 결심을 말씀드렸다. 큰오빠는 방으로 들어가 어머니를 설득했다. "가진 것 없는 피란민이지만 기옥이가 대학에 갈 수만 있으면 보냅시다. 시집갈 때 뭘 해 주려 하지 말고 속을 채워 준 뒤 졸업하면 스스로 벌어서 가라고 하죠. 우리나라엔 자원도 없고 인재도 부족하니 공부하겠다고 하면 시켜야 해요." 그렇게 어머니께 간청한 뒤 큰오빠는 내게 열심히 공부하라고 격려해 줬다. '오 하늘이시여, 감사합니다'. 천군만마를 얻은 기분이었다. 하늘을 날 듯이 기뻤다.

등록금도 싸고 좋은 학교인 서울대에 가고 싶었다. 어머니는 단호하게 말씀하셨다. "사내 녀석들하고 어깨를 부딪치고 엉덩이를 비비며 한자리에서 공부하는 곳은 안 된다." 이런저런 논의 끝에 등록금은 비싸지만 이화여대에 진학하는 것으로 가닥을 잡았다. 아버지의 보호도 사랑도 제대로 받지 못하고 어린 시절을 보내서인지 돈을 벌어 한 사람의 몫을 당당히 하고 싶었다. 내가 겪었던 가난과 서글픔을 자녀에게는 물려주고 싶지 않았다.

일하며 공부하며

    이화여대 합격통지서를 받았다. 등록금이 수십만 원이었는데 요즘처럼 계좌 이체 이런 것은 상상할 수도 없었다. 화폐개혁 전이라 중간 크기 여행가방에 가득 담길 정도로 돈의 분량이 많았다. 그것도 학교에 가서 직접 납부해야 했다. 피란 시절이라 이화여대는 부산 대신동에 있었다. 혼자서 돈가방을 들고 진해에서 부산까지 가는 길이 염려돼 큰오빠가 동행했다. 큰오빠와 함께 등록금을 내고 난생처음 일식집에 가서 점심을 먹었다. 나의 대학 입학을 축하하는 자리였다. 뭔가 새로운 경험을 시켜 주고 싶어 그런 것 같다. 초밥을 시키더니 간장에 찍어 먹어 보라고 했다. 겨자의 톡 쏘는 매운맛 때문에 눈물이 나서 못 먹겠다고 고개를 저었다. 큰오빠는 밥 위에 있는 겨자를 조금 덜어 내더니 다시 먹어 보라고 권했다. 입가에 웃음이 돌았다. 맛있었다. 식사를 하고 나서 부산의 여기저기를 구경시켜 주고 다시 진해로 데려다줬다.

9·28 서울 수복으로 우리 가족도 이듬해 서울로 올라왔다. 서울로 돌아왔을 때 큰오빠가 홍파동에 조그만 집을 하나 마련해 주셨다. 이화여대도 서울캠퍼스로 다시 옮겼다. 첫 등록금만 내주면 그다음은 내가 알아서 한다고 큰소리를 쳤는데 감당할 수가 없었다. 두 번째 등록금도 큰오빠의 도움을 받았다. 집에서 어머니를 모시고 큰오빠의 큰아들 영석과 셋이 살았다. 등록금뿐만 아니라 책값이며 차비며 여러 비용이 쉽지 않았지만 궁여지책으로 메워 나갔다.

당시엔 학생들이 아르바이트 등으로 돈을 벌 수 있는 길이 없었다. 그러던 중 수도여자사범대에서 도덕 재무장(MRA) 강좌가 열린다고 해 참석했다. 무엇인지 자세히 모르고 갔다. 수도여자사범대 주영하 총장님의 인사말을 듣다가 괜찮은 모임이라는 생각이 들었다. '열심히 참여해 길을 밝혀 보자. 국제기구이고 세계관도 넓혀 보고'. 무엇인가 서광이 보이는 듯했다. 일주일에 한 번씩 모이는 MRA에 참석하면서 여러 친구를 만났다. 그중 다른 학교에 다니는 동갑내기 여학생과 친해져 둘이서 자주 만나면서 친분도 두터워졌다. 어느 순간부터 내가 가르치는 역할을 하고 그 친구가 배우는 입장이 됐다. 마침내 가정교사 대우를 받기에 이르렀다. 알고 보니 그 친구는 재벌에 가까운 부유한 집안의 딸이었다. 물론 오빠가 등록금과 학비를 어느 정도 보조해 줬지만 대학만 가면 자립하겠다고 장담했던 일이 친구의 도움으로 이뤄진 셈이었다. 운이 좋았다.

영문학과를 졸업하기 전에 거쳐야 하는 프로그램이 있었다. 학교 안에 서양식으로 꾸며진 영학관에서 영어로만 소통하는 수업 과정이었다. 10명 정도의 학생이 팀으로 들어가 한 달간 생활했는데 원어민 교수와 한국인 조교가 같이 합숙했다. 요즘 으로 치면 영어캠프에 가까운 프로그램이다. 외국에 가 있는 것처럼 완전히 영어만 쓰면서 생활할 수 있는 환경을 만들어 주기 위한 학교 측 배려 덕분에 영어 회화 실력이 크게 향상될 수 있었다. 음식은 한국식으로 먹었지만 말은 무조건 영어로만 해야 했다. 한 달 뒤 영학관 수료식을 할 때 가족들도 참석했 다. 어머니도 한복을 곱게 차려입으시고 오셨다.

기독교를 접한 것도 대학에 다닐 무렵이었다. 학교에서 성경 공부를 하면서 기독교에 매료됐다. 뎃먼 목사님이 한국을 방문 하셔서 여의도에서 부흥회를 크게 여셨는데 거기에 참석했다. 그 목사님이 이화여대에 오셔서 직접 세례도 해 주셨다. 그 이 후로 나는 하나님의 은혜로 살게 됐다.

영학관에서 외국인 교수진과 함께 서양인의 일상을 체험하고 학습하는 이화여대 영문
학과 학생들의 모습

국립중앙의료원 의료 비서가 되어

    서울에서 이화여대를 다닐 때 신당동에 살고 있었다. 신촌까지 버스로 통학했다. 지나면서 보니 을지로6가에 멋있는 대형 건축물이 지어지고 있었다. 그 건물이 국립중앙의료원이라는 것을 알고 나서는 막연히 저곳에서 일하고 싶다는 꿈을 꾸게 됐다. 의사도 아니고 간호사도 아닌데 무슨 방법이 없을까 고민하던 중 명동에서 보건사회부(현 보건복지부)에 근무하는 고교 동창생을 만났다. 그 친구에게 국립중앙의료원에서 내가 할 만한 일이 없겠느냐고 물었다. 의료진 이외에 여성 비서를 30명 정도 모집할 거라고 했다. 됐다 싶었다. 시험 날짜가 결정되면 알려 달라고 부탁했다. 친구는 그러겠다고 철석같이 약속했는데 2~3개월이 지나도 소식이 없었다. 전화를 했더니 몇 주 후 모집 공고가 나갈 거라고 했다. 준비를 시작했다. 모집 공고에는 의사, 간호사뿐만 아니라 스칸디나비아 미션 소속의 비서를 모집한다고 나와 있었다. 시험에 응시했다. 아침 일찍 시험장에 가 보니 하이힐에 멋진 정장, 손톱에 매니큐어까지 곱게 바르고 우아한 헤어스타일을 한 여성이 많았다. 유엔 한국재건단(UNKRA: United Nations Korean Reconstruction Agency), 경제협력개발기구(OECD) 등에서 일한 경력이 있는 사람이 대거 몰렸다. 나는 기가 죽었다. 그저 수수한 대학 졸업생이었던 터라 시험을 포기하고 돌아갈까 고민도 했다. 이왕 왔으니 칼을 뽑았으면 무라도 베야지 하는 마음으로 시험에 임했다. 시험관들은 스칸디나비아 수석의사들과 그 의사들의 부인이었다. 시험을 보면서 응시자들은 손을 들고 "한 번만 더 읽어 주세요" "다시 읽어 주세요"라며 당당하게 요청했다. 점점 자신감이 생겼다. '저렇게 쉬운 것도 못 알아듣다니…' 내게는 문제가 그리 어렵지 않았다.

1교시 시험이 끝나고 2교시 시험도 무난히 치렀다. 시험관들이 응시자 절반 정도의 이름을 호명했다. 호명이 안 된 분들은 집으로 가라고 했다. 나는 최종 면접 대상에 포함됐다. 그날 오후에 바로 합격 발표가 났다. '하나님 감사합니다'. 두 손 모아 기도했다. 10 대 1의 경쟁률이었다고 한다. 30여 명이 선발됐다.

일반적으로 6·25전쟁 때 유엔의 도움을 떠올리면 참전 군인들만 생각하는 경향이 있는데 의료·경제적인 지원도 커다란 영향을 미쳤다. 전쟁이 일어나고 6개월 뒤 유엔 한국재건단이 설립됐다. 미국과 유엔 등이 제공한 4,200만 달러의 지원금과 3,000만 달러 규모의 구호물자, 1,000만 달러 상당의 원료물자 등을 한국에 집행하는 것으로 활동을 시작했다. 이 기구는 1960년 해산될 때까지 무려 1억 2,000만 달러가 넘는 막대한 자원을 우리나라에 지원해 줬다.* 유엔 한국재건단 덕분에 탄광이 개발되고, 인천 판유리공장, 문경 시멘트공장 등이 세워져 경제 발전을 이룰 수 있는 토대가 마련됐다. 국립중앙의료원도 1958년 11월에 개원할 수 있었다.

의료지원 관점에서 본다면 북유럽의 스칸디나비아 3국(스웨덴, 덴마크, 노르웨이)의 도움이 결정적이었다.

스웨덴은 의료지원국 6개국(스웨덴, 덴마크, 노르웨이, 인도, 이탈리아, 독일) 중 가장 많은 인력을 보내 준 국가다. 1950년부터 1957년까지 연인원 1,000명 이상을 파견했고, 의료지원국 중 가장 오랫동안 머무르며 200만 명 이상을 치료했다. 부산에 스웨덴 적십자병원을 개원해 군인과 빈곤층을 무료로 진료했다.

덴마크는 뉴욕과 덴마크를 왕복하던 상선 유틀란디아(Jutlandia)호를 병원선으로 개조해 한국에 파견했다. 간호 인력 42명을 뽑

---

* 김정미(2006), 「기록으로 만나는 대한민국: 기브 미 초콜릿에서 한강의 기적으로」, 유엔 한국재건단, 대전: 행정안전부 국가기록원, https://theme.archives.go.kr/next/koreaOfRecord/unitedKoreaInc.do(검색일: 2024.2.1)

는데 4,000여 명이 지원했을 정도로 국민적 관심이 컸다. 356개의 병상을 보유한 이 병원선은 항구를 이동하면서 5,000여 명의 부상병과 6,000여 명 이상의 민간인을 치료해 줬다. 정전협정 체결 후 모든 의약품과 의료 기자재를 민간 병원에 기증하고 떠났다. 덴마크에는 〈유틀란디아〉라는 대중가요가 만들어져 지금도 전 국민이 애창하고 있다.*

노르웨이의 이동외과병원 노르매시(NORMASH: Norwegian Mobile Army Surgical Hospital)는 1951년 7월부터 3년 동안 최전방에서 활동하면서 1만 4,000여 명을 치료했다 이동외과병원 의료진은 6개월 단위로 교대하는 게 원칙이었지만 100여 명이 자발적으로 파견을 연장해 1~2년간 일했으며, 근무가 없을 때는 서울에 있는 민간 병원에서 인술을 펼쳤다. 안타깝게도 파견된 구호 인력 중 3명이 전사했지만 이들은 굴하지 않았다.**

여기서 그치지 않고 유엔 한국재건단과 스칸디나비아 3국 의료진이 세운 국립중앙의료원은 대한민국 최고이자 아시아 최고의 의료시설이었다. 한국 의료가 오늘날처럼 발전하는 데 시발점 역할을 했기에 유엔의 지원사업 중 가장 모범적인 사례로 평가받고 있다. 우리는 스칸디나비아 3국 의료진을 '스칸디나비아 미션'이라고 불렀다. 당시에는 한국인 대부분이 영어를

• 임종빈, 「6·25 특집: 병원선 '유틀란디아'의 기억」, 『KBS 뉴스』, 2010.7.9, https://news.kbs.co.kr/news/pc/view/view.do?ncd=2118954(검색일: 2024.2.1)
•• 국가보훈처(2014), 『6·25전쟁 의료지원국 참전사』, 세종: 국가보훈처.

낯설어해 '의료비서'라는 새로운 직군이 필요했다. 의료비서는 한국인 환자와 스칸디나비아 의료진, 한국인 의료진과 스칸디나비아 의료진 사이에서 의사소통이 이뤄질 수 있도록 한·영 의료통역 역할을 맡았다. 우리는 영어 실력 위주로 선발됐기 때문에 의학지식이 결여돼 있어 입사 후 의학용어, 타자기 사용법, 딕타폰(소형 녹음기) 이용법 등의 내용이 포함된 역량 강화 교육을 받았다. 강사는 덴마크 의료진의 부인이 맡았다. 교육을 마친 뒤 내게 산부인과(gynecology & obstetrics)를 맡아 보겠느냐고 제안했다. 산부인과라는 단어는 알아들었는데 구체적으로 무엇을 하는지도 모른 채 "예스"라고 대답했다. '아기 낳는 걸 돕고 수술도 하겠구나' 생각하면서…. 알고 보니 그녀의 남편이 산부인과 과장이었다. 그 내외분은 내 또래 딸이 있어 나를 딸처럼 잘 대해 주셨다. 당시 산부인과 한국인 과장이 나중에 국립중앙의료원 13대 원장이 된 박찬무 박사였고, 16대 원장을 지낸 박인서 박사도 같은 소속이었다.

그때 국립중앙의료원의 구조는 이랬다. 과마다 스칸디나비아 과장과 부과장이 있고 그 아래로 한국인 과장과 부과장, 시니어닥터, 레지던트, 인턴이 있었다. 간호사의 경우도 스칸디나비아 수간호사와 간호사, 그 아래로 한국인 수간호사와 간호사가 몇 명씩 배치됐다. 각 과에는 의료비서가 2명씩 있었다.

의료비서는 아침 회진을 돌 때면 스칸디나비아 수석의사를 따라다니며 의사의 지시사항을 속기하고, 의사들이 외래환자를 진료실에서 진찰할 때 환자 차트를 만들어 등록과에 전했다. 수술 오더나 지시사항이 있으면 그 내용을 간호사실에 통보해 줬다. 외국인 의사들이 진찰 결과를 딕타폰에 녹음해 놓으면 그 내용을 입력하고 환자 차트를 만드는 등 외국인 의사를 대신해 한국인 의사와 간호사에게 메시지를 전달했다. 의료비서는 수술방에도 의료진과 함께 들어갔다. 수술복을 입고 집도의 옆에서 그가 말하고 지시하는 내용을 그대로 속기해 차트에 입력하고, 해부학적인 수술 내용을 같이 보면서 기록했다.

하루 종일 긴장해야 했고, 수동 타자기를 치는 일도 쉽지 않았다. 그중 가장 큰 고충은 의료진과 비의료진 사이의 미묘한 알력이었다. 나는 주로 외국인 의사를 수행하며 지시사항, 예컨대 무슨 검사를 하고 무슨 약을 투여하라고 하면 그걸 간호사한테 전달하기 위해 차트와 간호사실에 있는 보드에 모든 걸 기록해 뒀다. 간호사들은 그 기록이 의사가 직접 쓴 게 아니라 의료비서인 내가 작성했다는 것을 아니까 무시해 버리는 일이 종종 있었다. 그러다가 문제가 생기면 외국인 의사 과장이 제대로 준비가 안 돼 있다고 지적했다. 나는 제때 보드에 모든 사항을 기록해 뒀다고 보고했다. 간호사들은 보드 내용을 의사가 아니라 의료비서가 쓴 것이어서 주목하지 않았다고 답했다. 의사는 보드 내용을 확인한 다음 "이건 의사의 지시예요, 의사의 지시!"라며 혼을 내곤 했다. '내가 의료인이 아니어서 이러는구나'라는 생각도 들었지만 당시 간호사들의 직급은 의료비

국립중앙의료원 의료진의 단체사진. 앞줄 왼쪽에서 셋째가 홍기옥이다 (전쟁기념관)

왼쪽부터 의료비서 동료 곽한실과 노르웨이 의사 미코 박사, 의료비서 홍기옥 (전쟁기념관)

서보다 훨씬 아래였다. 국립중앙의료원의 한국인 직원들은 한국 정부에서 월급을 받았지만, 의료비서는 스칸디나비아 의료진을 지원하는 업무여서 스칸디비아 병원의 급여 기준에 따라 월급을 지급해 한국인 과장만큼 연봉을 받았다.

의료비서는 외국인 의사들을 근접 수행했기 때문에 한국인 의료비서에게 연심을 품은 외국인 의사도 있었다. 그럴 땐 한국인 과장이 나서 한국 부모들은 딸이 외국인과 결혼하는 걸 허락하지 않는다며 단념시켰다. 20여 년 전 부부 동반으로 크루즈 여행을 한 적이 있는데 일행 중 강남성모병원 의사 부부가 있었다. 젊은 시절 국립중앙의료원 의료비서로 일했다고 하니 깜짝 놀라면서 국립중앙의료원에서 연수받았던 의사들이 의료비서와 결혼하고 싶어 했다며 핑크색 가운을 입고 활약했던 모습이 상당히 멋있었다고 말씀해 주셨다.

국립중앙의료원은 일반환자들의 경우 다른 병원과 동일했지만 요즘 생활보호대상자에게 의료 혜택을 주는 것처럼 극빈자라는 증명을 받아 오면 무료로 진료해 줬다. 직원 가족에게도 이런 원칙이 적용돼 아들을 출산할 때 내가 다니는 산부인과에서 낳았다. 당시에는 생리대가 국내에 보급되지 않았을 때였는데 의료비서들에게는 북유럽에서 사용하는 생리대가 무료로 지급돼 큰 도움을 받기도 했다.

스칸디나비아 의료진의 활동은 의료 분야에만 머무르지 않았다. 우리나라 음식문화에도 영향을 미쳤다. 원래 우리나라에는 뷔페 같은 식당이 없었다. 그런데 국립중앙의료원에 근무하는 스칸디나비아 의료진이 고국의 음식을 그리워하면서 북유럽 음식을 풍성하게 제공하는 외국인 전용 구내식당과 휴게실이 문을 열었다. 한국인 직원들이 이용하는 식당은 따로 있었다. 뷔페는 바이킹족의 풍습으로 장기간의 항해를 마치고 돌아온 사람들을 위해 온갖 음식을 차려 놓고 며칠간 먹고 마시며 축제를 벌이는 문화에서 유래됐다고 한다. 이러한 뷔페가 제2차 세계대전 때 전 세계로 퍼져 나갔다. 우리나라에는 국립중앙의료원에 파견된 의사들 덕분에 상륙하게 됐다.

스칸디나비아 클럽에서 식사하는 의료진의 모습. 왼쪽에서 다섯째가 홍기옥이다 (전쟁기념관)

외국인 전용 식당인 스칸디나비아 클럽은 평소에는 스칸디나비아 의료진만 이용했다. 그렇지만 한 달에 한 번가량은 한국인 직원들도 초대해 줬다. 같은 과에 근무하는 사람들이 함께 가서 먹었는데 모든 음식이 너무도 많이 차려져 있어 충격적이었다. 눈이 휘둥그레져 도대체 이게 무슨 세상인가 싶었다. 커다란 테이블 하나에는 다양한 소시지가 있었고 옆 테이블에는 모양이 다른 햄이 가득했다. 음료수와 술도 다채로웠다. 종류별로 몇 개씩 접시에 담았더니 접시가 꽉 찼다. 박찬무 과장이 다가오더니 "그걸 어떻게 다 먹을래. 이거 남기면 혼나. 버리면 안 돼"라고 알려 줬다. 모두 갖고 왔던 것을 돌려놓았다. 아주 조심스럽게 하나씩 가져와도 고기, 과자, 빵 등으로 접시가 채워졌다. 스칸디나비아 3국의 요리가 다 모여 있어 우리는 이름도 잘 모르는 음식이 수두룩하게 쌓여 있었다. 그다음부터는 '이제 뭐를 먹을까' '지난번에 그건 먹어 봤는데' 하면서 메뉴를 고르는 안목이 생겼다. 외국 손님들이 오면 거기서 파티도 열고 크리스마스 때나 부활절 같은 행사도 했다. 특히 크리스마스 파티는 오후 5시에 시작하는데 다들 옷을 차려입고 참석했다. 모두 와인을 마셨다. 나는 술을 조금만 먹어도 얼굴이 붉어지는 통에 음료수만 마시곤 했다. 당시 스칸디나비아 클럽 뷔페는 엄청난 인기를 끌었다. 대사들이 방문하거나 외국 손님이 오면 예약을 했고, 나중에는 일반인도 출입한 것으로 안다. 이렇게 뷔페의 맛을 본 뒤 서울에도 뷔페식당이 생겨났다.

아들이 세 살 무렵 걸어 다니기 시작하자 시댁에서 자녀 양육에 신경 쓰라는 압력이 계속 들어왔다. 팔순이 넘은 노쇠한 친정어머니에게 아이를 전적으로 맡기는 게 너무 죄송스러웠고, 요즘 같은 어린이집도 없었다. 맞벌이 부부가 흔치 않았던 시절이었다. 결국 7년 만에 사직서를 쓰게 됐다. 의료비서직이 적성에 맞았고 의미 있는 직업이었지만 노동강도가 센 편이었다. 자녀 양육과 직장 생활을 병행하는 게 힘들었다. 너무나도 아쉬웠지만 그만둘 수밖에 없었다.

그 뒤 브리태니커백과사전에서도 일하고 무역회사에도 몸담았지만 국립중앙의료원에서처럼 자부심을 갖고 임했던 직업은 만나지 못했다.

공군 중위 이연홍을 만나다

전쟁으로 폐허가 된 서울 곳곳에서 다양한 형태의 주택이 지어졌다. 홍제동에 문화촌이라는 마을이 있었는데 작은 단독주택들이 신축됐다. 작은오빠는 결혼 준비를 하면서 거기에 집을 한 채 샀다. 나와 어머니가 그 집에서 함께 살았다. 이웃집에 공군 대령 부부가 거주하고 있었는데 대령 부인은 나의 대학 선배였고, 그 동생이 소설가 이문열이었다. 이연홍 공군 중위도 인근에 살았다. 어느 날 대령 부부가 이연홍 중위와 나를 소개해 주자고 이야기했던 모양이다.

국립중앙의료원에 출근하려면 문화촌 마을길을 걸어 나와 큰길에서 버스를 기다려야 했다. 버스 타는 데까지 걸어서 15분 정도, 차를 타면 3~4분가량 걸린다. 공군 대령은 매일 아침 기사가 운전해 모시러 왔는데 이 중위도 그 지프차를 타고 같이 출근했다. 내가 출근하려고 마을길을 걸어 나오면 대령이 버스까지 모셔다 드린다며 지프차를 타라고 차에서 내리곤 했다. 군용 지프차는 일반 승용차와 달리 차 문이 앞에 하나밖에 없어 승차하려면 머리를 숙이고 뒤로 들어가는 구조였다. 그게 번거롭고 신세 지는 것도 싫어 타지 않겠다고 사양했다. 그러면 대령이 내려 얼른 타라고 권하는 일이 매일 반복되다 보니 하는 수 없이 그 차에 탑승하게 됐다. 차를 타면 옆자리에 이 중위가 있었다. 쑥스러워 얼굴도 못 쳐다보고 동승했다. 그렇게 몇 달이 흘렀다. 어느 날 대령 부인이 어머니에게 이 중위가 사람도 좋고 집안도 좋으니 사윗감으로 어떠냐며 맞선을 주선했다. 나는 국립중앙의료원에 다니느라 바빠서 결혼에 관심이 없었다. 하루는 우리 집에 대령 부인이 와서 나를 설득했다. "기옥아, 너는 말 좀 듣지. 그렇게 만나 보라는데 너무한 것 아니니. 이 집 오는 길에 개에게 물려 혼났다." 개에게 물렸다는 말까지 듣고 차마 거절할 수 없어 이 중위를 만나 보기로 했다.

우리는 풍년제과점에서 만났다. 그날은 아침부터 비가 내려 분홍색 트렌치코트를 입고 나갔다. 이 중위가 빵을 시켰다. 내게 드시라고 하고선 혼자 먹기 시작했다. 좀 예의가 없는 것 아닌가 생각하고 있는데 빵을 먹어 보라고 권했다. 그렇게 서로 인사한 뒤 내가 동네에서 진돗개를 데리고 산책할 때도 만났고, 새벽에 길을 걷다가도 만났다. 한동네에 살다 보니 자꾸

마주치면서 가까워졌다.

이 중위는 인천 출신으로 아버지가 농사도 짓고 선박도 만들고 운송업도 하셨다. 10남매(6남 4녀) 중 다섯째 자녀이자 둘째 아들이었다. 남아선호사상이 지배적이던 시절이라 첫아들을 낳고 연이어 딸 셋이 태어난 다음 얻은 둘째 아들이라 귀여움을 독차지하고 자랐다. 이 중위는 외모도 아버지를 그대로 빼닮았고 약간 독불장군 같은 성격이 있었다. 한양대 공대를 졸업한 뒤 공군으로 입대해 복무 중이었다.

어느 날 이 중위 어머니가 아들을 보러 왔다가 우리 집에 놀러 오셨다. 우리 어머니는 딸과 아들이랑 같이 산다며 격의 없이 문을 열어 주셨다. 그렇게 이 중위 어머니와 우리 어머니가 안방에서 도란도란 이야기를 나누고 계셨다. 마침 휴일이라 나도 집에 있었다. 욕실에서 목욕한 다음 수건을 걸치고 무심코 안방 문을 열었다. 서로 깜짝 놀랐다. 손님이 오셨다는 말씀을 왜 안 하셨냐면서 황급히 방을 나왔다. 창피하고 망신스러웠다. 옷을 입은 뒤 제대로 인사드렸다. 몇 달 뒤 이 중위가 내게 청혼을 했다. 나는 시어머니와 상견례도 하기 전에 수건 차림으로 인사를 드린 셈이다.

청혼하면서 이 중위는 "장래에 무엇을 하고 싶으냐"고 물었다. 나는 "유학도 가고 싶고, 외교관으로도 일하고 싶었는데 지금은 국립중앙의료원에 다니고 있다"고 말했다. 그다음부터 그의 친구들과 같이 만나면서 교제했고, 그 이듬해 결혼했다. 어머니가 고등학교 졸업 후 그렇게 사관학교 출신 군인과 혼인시키고 싶어 하셨는데…. 결국 공군 중위와 결혼하게 됐다.

결혼식은 소공동에 있는 외교회관에서 서양식으로 치렀다. 그 당시에는 웬만한 재력으로는 웨딩드레스를 맞춰 입기가 어려웠다. 강영훈 국무총리의 처제였던 친구 김효숙의 웨딩드레스를 빌려 입었다. 효숙은 하얼빈 금강소학교, 진명여중, 이화여대까지 모두 동창인 절친이었다. 청첩장은 한글판과 영어판, 두 종류로 만들었다. 주례는 독립운동을 하시고 공군참모총장을 지낸 장덕창 선생이 맡아 주셨다. 아버지와 함께 독립운동을 한 동지들과 그 가족이 와 주셨다. 어떤 분들은 어려운 가정 형편 탓에 예식에 걸맞은 옷차림을 하지 못했다며 식장에 들어오는 것을 주저하기도 했다. "괜찮아요, 어서 들어오세요"라고 인사드렸더니 끝까지 자리를 지키며 진심으로 축하해 주셨다. 아버지의 빈자리를 그분들이 메워 주셨다. 어머니는 한복을 곱게 차려입고 오셨다. 아버지 대신 큰오빠의 손을 잡고 결혼식장에 입장했다. 스칸디나비아 의료진도 하객으로 참석했다. 신혼여행을 대신해 시댁이 있는 인천을 다녀왔다.

결혼하는 과정에서 아버지가 계시지 않는다거나 독립운동을 했다거나 하는 문제는 공개적으로 거론되지 않았다. 시부모님이 예뻐해 주셔서 즐거운 신부가 됐다. 결혼하면서 나는 유학의 꿈을 접었다.

1960년 5월 14일 이연흥과 홍기옥의 결혼식 (전쟁기념관)

첫 신혼집은 평동에 전세를 얻어 살았다. 한 2년 살다가 홍파동에 2층집을 짓게 됐다. 시아버지가 건물 골조를 지어 주시고 내부 인테리어만 우리가 했다. 막상 결혼하고 보니 직장을 다니면서 시댁 10남매와 시부모님의 경조사를 챙긴다는 게 쉽지 않았다.

국립중앙의료원에서 근무할 때 산부인과 과장이 덴마크인 라크만 박사였다. 굉장히 예리하고 날카로운 의사였지만 내게는 무척 너그러워 시댁에 무슨 일이 있으면 요즘 말로 '반휴'를 줬다. 시아버님 생신 때는 오전 근무를 마치고 인천으로 갔다. 시댁 행사는 보통 이틀 정도 이어지는 큰 잔치였다. 생신 전날부터 친족들이 오고, 며느리들은 하루 종일 상을 차리고 설거지를 하다가 밤늦게 집으로 돌아갔다. 동서들은 아침부터 와서 생일상을 차리고 설거지를 하면서 손님 접대를 하고 있었다. 내가 오후에 도착하면 시부모님은 서울에서 둘째 며느리가 왔다고 반기셨지만 동서와 시누이들의 눈에는 고울 리가 없었다.

급히 마루에 아이들과 짐을 내려놓고 옷을 갈아입은 뒤 많은 손님을 치르느라 마당에 줄 지어 늘어놓은 여러 개의 설거지통 끝자락에 자리 잡고 앉아 설거지를 했다. 그럴 때마다 안방 분합문을 열고 시아버님이 말씀하신다. "둘째야, 너 거기 끼지 않아도 설거지할 사람 많으니 들어오너라." 일을 끝내고 가겠다고 해도 자꾸 들어오라고 재촉하신다. 동서들이 "둘째 며느리 손끝에 물 묻을까 봐 그러시니 어서 들어가세요"라고 거든다.

난처하다. 동서들은 어제부터 장 보고 끓이고 볶고, 또 오늘 새벽부터 100여 명에 달하는 친족을 맞느라 고생했는데 고작 당일 오후 서울에서 온 둘째 며느리가 얼마나 얄밉겠는가. 나도 알았다. 부모님이 부당하시다는 걸.

그날 이후 손주가 보고 싶다며 시부모님이 우리 집에 오셨다. 식사 후 때를 기다리다가 시아버님께 드릴 말씀이 있다고 했다. 무슨 말이든 해 보라고 하셔서 용기를 냈다. "제가 인천에 갔을 때 일하는 동서들 앞에서 '너는 안 해도 돼. 일하는 사람이 많으니 들어와'라고 말씀하지 않으시면 좋겠어요." "왜 누가 뭐래?" 시아버님이 넌지시 물어보신다. "다른 동서 여럿이 있는데 그러시면 제 입장이 곤란해지지 않겠어요?" 또박또박 말씀드렸다. "그게 어때서! 그들은 집에서 일하고 너는 직장에서 일하다가 왔는데…. 네가 놀다가 그랬냐." 시어머님은 시아버님과는 의견이 약간 달라 두 분이 그 일로 다투시게 됐다. 옆에 앉아 있던 세 살배기 어린 손자 근식이가 "할아버지 그러지 마시고 이혼하세요"라며 끼어든다. 시아버님이 "아니, 이혼이 뭔대?" 묻자 "싸우다가 헤어지는 거요"라고 냉큼 대답한다. 근식이 덕에 모두 한바탕 웃었다.

국립중앙의료원 의사들은 휴가를 받으면 가까운 일본, 홍콩, 싱가포르 등으로 여행을 다녀왔다. 오는 길에 립스틱, 콤팩트 같은 작은 선물을 예쁘게 포장해 고급스러운 쇼핑백에 담아 줬다. 물자가 귀하던 시절이라 우리나라에는 쇼핑백이라는 것이 없었다. 나는 그 종이가방들을 잘 모아 뒀다가 시부모님께 선물할 때 담아 드렸다. 그게 그렇게 좋으셨는지 시어머니는 두고두고 지인들에게 며느리 자랑을 하셨다. 그 일로 나는 또다시 질투의 눈길을 느껴야 했다. 사랑도 병이라 했던가. 속마음을 못 숨기는 솔직한 성정을 지니신 시부모님의 편애는 종종 자녀들 간 불화를 일으켰다. 한동안 서로서로 마음고생을 했다. 덕분에 내 아이들이 장성하고 며느리와 사위를 본 다음 내가 하는 말과 행동이 상대방 입장에선 편애로 비치지 않을까 생각하는 버릇이 생겼다.

나의 큰 오빠 홍기만

큰오빠는 나의 큰 버팀목이었다. 독립운동가의 자녀로 산다는 것은 참으로 무거운 일이다. 독립운동가의 아들들은 대개 두 가지 길 중 하나를 따랐다. 아버지를 따라 같이 독립운동을 하거나 남은 가솔을 아버지 대신 책임지는 역할을 맡았다. 큰오빠는 가족을 위해 가장이라는 무거운 짐을 지고 평생을 살았다. 아홉 살 어린 나이부터 아버지 대신 어머니와 세 살 어린 여동생을 보살피면서 가장 노릇을 했다. 초등학생 때 만주로 떠나온 큰오빠는 학교가 멀어 새벽별을 보고 학교에 가서 저녁별과 함께 밤길을 걸어 집으로 왔다. 아버지가 은둔 생활을 하시니 온갖 집안 잡일을 다하면서도 독학해 사법·행정고시에 모두 합격했다. 그런 큰오빠가 애처로워 어머니는 말 못 할 가슴

앓이를 하셨다고 한다. 그러던 중 1929년 작은오빠가, 5년 뒤엔 나까지 태어났다. 아버지는 나를 낳을 때까지 모르셨다고 한다. 어머니께서 시간 되면 실한 미역 하나 사다 달라고 하니까 아버지는 "누가 아이를 낳으려나. 웬 미역인가"라고 하셨단다.

광복 이후 한국으로 돌아와 정부가 세워질 때 관리로 일해 달라는 제안이 있었지만 큰오빠는 사양했다. 그때는 그야말로 새로 나라를 세우는 과정이어서 경험 있는 사람이 없었으므로 관료로 일해 봤던 사람이 필요했다. 독립운동과 전혀 상관없던 사람들이 오빠가 중국에서 관료로 일했다는 것을 문제 삼았다. 심지어 일본인의 앞잡이 노릇을 했다는 흑색선전까지 퍼트렸다. 오빠는 독립군과 한국인을 돕기 위해 좋은 자리를 사양하고 그 일을 택한 것이었는데 어이가 없었다. 이를 보다 못해 만주에서 독립운동을 했던 애국지사들이 나섰다. 애국지사들은 홍충희 지사의 아들은 우리가 잡혀가면 증인도 서 주고 변론도 해 주고 갖은 도움을 줬다며 덕분에 우리가 이렇게 살아 있다는 내용의 혈서를 쓰고 투서를 넣었다. 오빠가 얼마나 많은 분께 도움을 줬는지 생생하게 증언해 준 덕분에 억울한 누명을 벗을 수 있었다.

외국에서 독립운동을 하다가 귀국한 분들은 조국에 돌아와 기댈 곳이 없었다. 재산도 없었고 생활 기반도 갖춰져 있지 않아 살길이 막막한 경우가 대부분이었다. 그런 분들이 우리 집까지 찾아와 도와달라고 할 때가 많았다. 우리도 가난하게 살고 있는 터라 그저 식사를 차려 드리는 정도밖에 할 수 없었다. 오빠는 이들을 돕기 위해 만주에서 아버지와 함께 독립운동을 한 경력을 발판으로 최고위직에 오른 이범석 총리를 몇 번이나 찾아가 청산리전투에 참전한 동지들을 도와줄 것을 요청했지만 차갑게 외면당했다. 당시 김일환 상공부 장관이 오빠의 1~2년 선배였다. 그런 분들이 정계 진출을 권유했지만 정치에 환멸을 느낀 오빠는 마다했다. 정치와는 무관한 동양제지화학공업에 입사해 가족들을 부양했다.

큰오빠는 월급날이 되면 바나나, 생과자, 케이크 같은 것을 사 오셨다. 치아가 좋지 않았던 어머니께 부드럽고 맛있는 것을 맛보여 드리고 싶었던 것이다. 어머니께만 음식을 사 드리면 손주나 자녀들에게 양보하시는 바람에 결국 온 가족의 간식을 준비했다. 그때는 바나나가 워낙 비싸 월급날 같은 특별한 날이 아니면 먹기 힘들었다. 오빠는 언제나 준비한 간식을 내게 주면서 골고루 나눠 먹으라고 했다. 나는 간식을 온 식구가 먹을 수 있도록 분배했다. 물자가 귀하던 시절이라 칼로 나눌 수 있는 음식은 식구 수에 맞춰 작게 잘라 소외되는 사람 없이 배분할 수 있었지만, 바나나처럼 개수로 나눠야 하는 음식은 남을 때도 있고 모자랄 때도 있었다. 다행히 남은 게 있을 때는 어린 조카들에게 덤으로 줬다. 어쩌다 내 몫이 없으면 안 먹으면 됐는데 어머니나 올케언니가 이 핑계 저 핑계를 대면서 건네주셨다. 어쩌면 그런 곤란한 역할을 아내가 겪지 않았으면

해 내게 분배자 역할을 맡긴 것이 아닐까. 큰오빠는 그렇게 지혜롭고 따뜻한 사람이었다.

큰오빠는 6·25전쟁이 임박해 대한중석으로 직장을 옮겼다. 대한중석은 1916년 강원도 영월에서 상동광산이 발견되면서 만들어진 기업이다. 지금은 이 회사를 모르는 분이 많지만 당시로선 대한민국 유일의 외화벌이 국영기업이자 한국을 대표하는 기업이었다. 대한중석은 1950년대에는 국내전체수출 5,000만 달러 중에서 대한중석의 중석수출이 4,000만 달러를 차지한 때도 있었다. 최고의 자금력을 지닌 대기업이었다.• 대한중석은 1960년대 해외 지사까지 설립했다. 한국 글로벌 기업의 선두주자였던 셈이다. 5개 국어(한국어, 일본어, 중국어, 러시아어, 영어)를 구사하는 큰오빠는 중역으로 은퇴할 때까지 이 회사를 다녔다.

큰오빠의 직장은 영월이었는데 우리 가족이 진해로 피란 가 있을 때도 한 달에 한 번씩 오가며 생활비를 전해 주셨다. 멀고 먼 길이었지만 어머니를 찾아오셨다. 오빠는 그 어렵고 힘든 가운데 5남매의 자녀와 동생들까지 길렀고 어머니를 88세까지 극진히 모셨다. 그런 오빠의 동생으로 태어난 것에 감사한다.

• 조경엽, 「대한중석 거듭나기 한창」, 『매일경제신문』, 1992. 5. 23,
  https://www.mk.co.kr/news/economy/1077178(검색일: 2024.2.1)

큰오빠 홍기만의 손을 잡고 결혼식장에 입장하는 홍기옥
(전쟁기념관)

나의 올케언니 박경남

큰오빠는 만주에서 박기종 선생의 장녀인 박경남과 중매로 혼인했다. 올케언니 집안은 대한민국임시정부 초대 국무령을 지낸 석주 이상룡 선생과 사돈 관계다. 이상룡 선생의 여동생이 올케언니의 큰아버지인 박경종 애국지사와 결혼했고 만주로 함께 망명해 독립운동에 참여했다. 오빠가 결혼한 후 내외분이 부모님을 모셨고 두 시동생도 돌봤다. 독립운동하는 아버지와 그 동지들까지 살피면서 살아가려면 초능력이라도 있어야 하지 않을까 하는 생각이 든다. 감탄스럽다. 두 분의 노력과 헌신으로 5남매의 자녀와 시동생까지 모두 대학 공부를 마쳤고 반듯하게 자랄 수 있었다.

올케언니는 나를 마치 친딸처럼 보살폈다. 내가 네다섯 살쯤에 큰조카 영석이 태어났다. 엄하신 우리 아버지도 집에 계실 때면 손주가 귀여워 무릎에 앉히고 예뻐하곤 하셨다. 나는 그때 아무 말 없이 새침해 있었다. 올케언니는 대가족의 뒤치다꺼리를 하면서 단 한 번도 불평불만을 한 적이 없다. 시어머니도 깍듯하게 모셨다. 어머니는 그 많은 일을 티 없이 잘해 내는 며느리를 대견하고 애처롭게 여기셨다. 내게는 엄하셨지만 며느리에게는 인자하셨다.

내가 대학생이 되자 저녁식사를 마치면 올케언니를 안방으로 불러 쉬게 했다. 주방 뒤처리는 다른 사람들에게 맡기라고 하셨다. 학교에 다녀오면 내가 설거지, 청소까지 다 마무리해야 했다. 그게 어머니가 세운 철칙이었다. 엄격하셨다. 졸업시험을 앞두고 힘들어할 때도 마찬가지였다. 과로로 다래끼가 나고 눈이 부어 책을 보는 것도 어려웠다. 못 하겠다고 했더니 어머니는 "눈이 아프면 밥도 안 먹느냐"며 방으로 들어가셨다. 야속했다. 잠시 후 올케언니가 나와 "아가씨, 들어가. 내가 알아서 할게"라고 했지만 내가 마다했다. 어머니한테 혼날까봐…. 올케언니는 그래도 들어가 공부하라며 어머니 몰래 내 일을 대신해 줬다. 내 편이 돼 주고 고통을 어루만져 주는 다정하고 사랑이 넘치는 분이었다.

언젠가 올케언니 생일에 오빠가 모처럼 벨벳 천을 선물로 사주신 적이 있다. 1950년대는 벨벳 치마가 유행했다. 다 만들어진 기성복을 사 입기보다 마음에 드는 천을 갖고 가 양장점에서 맞춤옷을 해 입던 시절이었다. 한참이 지나도록 치마를 만들어 입지 않으시기에 그 이유를 물었다. "언니, 벨벳 치마 안 만들어 입으세요?" "뭐가 그리 급해요." "급한 게 아니라 옷감을 몇 년간 묵혀 두고 계시잖아요?" "아가씨하고 같이 입으려고 그래요. 대학 졸업식 때 벨벳 치마 같이 만들어 입고 가면 좋잖아요." 그런 이유라니! 올케언니는 마음 쓰임이 자상하고 배려 깊은 분이었다. 올케언니와 내가 대학 졸업식 때 같이 지어 입었던 그 치마를 이후 수십 년간 간직했다.

세월이 많이 흘러 나도 결혼을 하고, 올케언니는 지아비를 여의었을 때다. 올케언니와 함께 강남에 3층집을 지어 한 지붕 아래서 몇 년간 살았다. 올케언니는 며느리, 손주와 함께 드나들기 쉬운 2층에 사셨고 나는 3층에 거주했다. 큰오빠가 현대양행 전무였던 큰아들을 잃고 상심이 큰 나머지 간암으로 세상을 떠나신 뒤였다. 아들과 남편을 연이어 잃은 올케언니는 매우 힘들어했다. 나는 그때 예순이 되지 않았고 올케언니는 팔순이 가까운 나이였다. 이런저런 일로 바쁜 때여서 아침저녁으로 오르내리면서 내 집처럼 드나들며 올케언니를 보러 갔다. 조카며느리는 부담스러웠을지도 모르겠지만 말이다.

바빠서 어쩌다 들르지 못하는 날이면 그다음 날 "왜 어제는 안 왔느냐"며 섭섭해하시곤 했다. 현금이 필요하면 자신의 통장에 있는 돈을 내게 인출해 달라고 부탁했다. 그 돈을 그냥 드리겠다고 하면 한사코 마다하셨다. 어떨 때는 바쁘니까 그냥

쓰시라고 현금을 드리면 "이다음에 은행에서 돈을 찾으면 줄 게"라고 말씀하셨다. 혼자 거동하기 힘드실 때였다. 또 한 번은 "시장에 가거든 허리에 고무줄이 들어 있는, 입고 벗기 편한 치마를 사다 줘"라고 요청하셨다. 혼자된 며느리에게 이것저것 시키는 게 부담스러우셨던 모양이다. 남대문시장을 다 돌아봤는데도 마음이 드는 치마가 없었다. 얼마 후 그런 치마를 발견해 2개를 사 드렸더니 너무나 좋아하셨다. '많이 늙으셨구나'. 그런 올케언니가 너무 가련해 마음이 아팠다. 할 수만 있다면 무엇이든 해 드려야겠다고 생각했다.

어느 날은 볼일 보러 나가는 길에 들렀더니 눈물을 글썽이며 이야기하셨다. "우리 아가씨는 내 언니도 같고, 내 엄마도 같아. 그렇게 느껴져." 가슴이 저려 왔다. 우리는 정신적으로 너무나 가까운 사이였다. 하얼빈에서 처음 가족이 돼 온갖 고생을 함께하며 수십 년간 살면서 피를 나눈 가족 못지않게 끈끈한 사랑과 신뢰가 생겼다. 나는 최선을 다해 어떻게든 편안하게 여생을 보낼 수 있도록 해 드려야겠다고 다짐하곤 했다.

큰오빠 내외분은 어버이를 대신할 만큼 인생에서 귀하고도 귀한 분들이었다. 올케언니도 큰오빠도 이제는 천국에 계시지만 이 말만은 다시 한번 꼭 해 드리고 싶다. 사랑해요, 오빠! 언니!

왼쪽부터 언니 홍기숙, 조카 이현주, 올케언니 박경남, 홍기옥

남편의 경제적 독립 운동

남편은 공군 대위를 끝으로 전역해 친구들과 함께 현대건설에 입사했다. 1960년대는 전쟁으로 인해 파괴된 국토를 재건하는 과정에서 교량, 도로, 건물 등 건설 수요가 엄청나게 늘어났다. 현대건설은 주도적인 역할을 하면서 사세를 키워 갔다. 그때 현대 본사는 지금의 동아일보사 옆자리에 있었다.

회사에서 남편이 처음으로 맡은 임무는 강원도 춘천의 소양감댐 건설이었다. 소양강댐은 경부고속도로, 서울지하철 1호선과 함께 박정희 정부의 3대 국책사업 중 하나였다. 북한강 유역의 유일한 다목적댐이자 저수량 29억 톤의 인공호수를 만드는 어마어마한 프로젝트였다.* 공식적으로 1967년 착공해 1973년 완공됐지만 공사팀은 1962년부터 꾸려졌다. 남편은 이 공사를 위해 춘천으로 떠났고 그해 10월 나는 아들 이근식을 낳았다. 어느 날 남편으로부터 아이가 보고 싶다는 내용의 편지가 왔다. 우리 부부의 첫아이니 얼마나 보고 싶을까 하는 생각이 들었다.

1962년 첫아들 이근식을 안고 있는 홍기옥

• 김종민·전만식·이영주·황규선(2012), 「소양강댐 축조 40년을 앞두고」, 『정책메모』 189, 춘천: 강원발전연구원.

자가용도 없던 시절이라 일요일에 아기와 함께 춘천행 기차를 탔다. 1960년대 초반 우리나라의 교통 인프라는 철도 중심으로 이뤄졌다. 자가용은 극소수 부유층의 전유물이었고, 산업도 발달하지 않았다. 당시 춘천역 앞 광장에는 자갈이 깔려 있었는데, 아기를 업고 걸어 나오다가 그만 넘어져 버렸다. 지나가던 행인이 자꾸만 쳐다보기에 내 몸을 훑어보니 무릎에서 피가 줄줄 흐르고 있었다. 간단히 피를 닦은 뒤 차를 갈아타고 춘천 현장까지 들어갔더니 직원들이 소장님은 오늘 아침에 서울로 갔다고 한다. 그때는 휴대전화는 말할 것도 없고 전화도 귀하던 시절이라 그렇게 길이 엇갈려 버린 것이다. 하는 수 없이 아기에게 우유를 먹이고 기저귀도 갈아 주며 서울로 돌아오는데 계속 다리에서 피가 났다. 기차에서 아기 기저귀를 조금 찢어 다리를 싸매고 집으로 돌아왔다. 나는 지금도 소양강댐이 뉴스에 나오면 그때 그 시절이 떠오른다.

다음으로 참여했던 프로젝트가 양화대교 건설이다. 양화대교의 원래 이름은 '제2한강교'였다. 역대 4번째로 만들어진 한강 교량으로, 설계부터 시공까지 온전히 우리 기술로 건설한 최초의 한강교량이자 군사적 용도로 세워진 다리였다. 1962년에 공사를 시작해 1965년 준공됐다. 당시 우리 가족은 홍파동에서 살고 있었다. 지금은 홍대 앞이나 합정동 일대가 젊은이들이 사랑하는 멋진 곳이 됐지만 당시만 해도 개펄이었다. 난공사였다. 비가 조금만 많이 와도 전날 설치해 놓은 구조물이 떠내려

갔다. 새벽 2~3시에 급히 연락을 받고 공사 현장으로 뛰어나간 것이 한두 번이 아니었다. 요즘 청년들은 '워라밸' 이야기를 하지만 당시 남편은 저녁에 퇴근하는 것도 사치였다. 한밤중에 퇴근하고 새벽에 출근하는 생활이 계속됐다. 그런 나날이 이어지니 동네 사람들이 수군거렸다. "저 집 남편은 매일 밤에 잠깐 들어왔다가 새벽에 나가." 내가 본처가 아니라고 오해하기까지 했다. 주변의 그런 얼토당토않은 시선보다 더 힘들었던 건 남편의 장화다. 날마다 진창으로 더렵혀진 긴 장화를 빠는 일은 결코 쉽지 않았다.

남편은 공대 토목공학과 출신이었지만 영어에 능통했다. 인천중학교에 다닐 무렵 비범한 어느 영어선생님에게 훈련받은 덕분이었다. 남편뿐만 아니라 인천중학교 동기동창들은 남다른 영어 실력으로 각자의 전공 분야에서 한국 기업의 해외 진출에 앞장섰다.

1964년 나의 딸 이주리가 태어나고 백일도 채 안 됐을 때 남편은 태국으로 떠났다. 우리나라 건설사 최초이자 한국 해외 건설 역사의 신호탄이었던 태국 빠따니~나라티왓 100㎞ 고속도로 건설에 현장과장으로 발령받은 것이다. 이명박 전 대통령은 당시 영업부 직원이었다. 잘 알지도 못하는 나라로 떠나는 데다 통신도 잘 갖춰져 있지 않았다. 편지 한 번 주고받는 데 한 달이 넘게 걸리던 시절이었다. 아버지가 만주로 망명하셨을 때 어머니도 이렇게 막막하지 않았을까. 그때는 가족 중 한 사람이 외국으로 나가면 일가친척과 지인들이 공항에서 환송했다. 시어머니도 아들과 헤어지면서 대성통곡을 하셨다. "아비 일하러 가는 거예요. 그러니 너무 염려하지 마세요." 겨우 시부모님을 달랬다. 당시에는 태국이 한국보다 부유한 나라였다. 남편은 종종 편지를 보내왔다. 만년필은 고급 필기구의 대명사였는데 한국에서는 미국산 파카 만년필을 쓰는 사람이 많지 않았다. 남편은 "이곳 태국에서는 시골 농부들도 파카 만년필을 들고 다닌다"며 우리나라보다 잘사는 태국을 부러워했다. 남편의 월급날이 되면 현대 본사를 찾아가 대신 월급을 받았다. 자동이체 같은 시스템은 생각할 수도 없던 시절이었다.

태국에서 성공적으로 임무를 완수한 뒤 국내로 돌아와 경인고속도로, 청계고가도로, 서울대교(현 마포대교) 공사에 참여했다. 1966년 박정희 정부는 국토의 균형 있는 개발, 공업지대 및 도시인구 분산, 안보상 필요한 국방도로 건설 등을 내세우며 경인고속도로 공사를 결정했다. 당시 한국의 1인당 국민소득은 150달러였다. 목표는 세웠지만 재원이 부족하자 정부는 고속도로 건설 자금을 마련하려고 채권도 발행하고 휘발유 값을 두 배나 인상하기도 했다. 날마다 철야 작업은 물론 한국식 '공법'을 끊임없이 고안했다. 겨울에 공사해 놓은 것이 얼자 비닐을 덮어씌워 가며 아스팔트를 깔고 포장공사 장비가 부족하면 인근 마을의 황소까지 동원했다고 한다.* 외국의 건설서적을 들여와 원서를 펼쳐 들고 하나하나 살피며 현장을 관리했다. 남편은 1968년 2월부터 소장으로 참여했다. 경인고속도로가 완공되자 모 신문에서 '세계에서 가장 싼값으로 가장 빠르게 달리는 도로'를 만들었다고 평가한 것을 읽은 기억이 있다.

정주영 회장이 그 유명한 500원 지폐에 있는 거북선을 매개로 조선소 사업에 뛰어들었을 때 조선소 건설 임무를 남편에게 맡기려 했으나 남편은 고사하고 해외로 눈을 돌렸다. 이후로 대만 공항, 말레이시아 도로공사 등 해외로 발령받았다. 현대건설이 처음으로 해외에 건설한 다리인 미국 알래스카 허리케인 교량도 남편의 지휘 아래 건설됐다. 북아메리카 대륙에서 가장 높은 매킨리산의 허리케인협곡을 가로지르는 171m 길이의 철도교량이었다. 콧대 높은 미국 건설업체들조차 꺼릴 정도로 힘든 공사였지만 1970년 현대건설이 도전장을 냈다. 공사현장은 도로가 없어 사람과 자재를 헬기로 날랐고 인력난, 혹독한 추위로 말할 수 없는 고생을 했다. 얼마나 힘들었든지 성공적으로 교량을 완성한 뒤 귀국해 서울대 관악캠퍼스, 김포공항 공사에 참여했던 남편은 1972년 말경 현대건설에 사표를 냈다.

남편은 국내에서 가족들과 함께 지내고 싶어 했지만 삼부토건, 극동건설, 동국건설 등으로 스카우트되는 바람에 굵직굵직

• 유동현, 「기공식 연기만 네 번 우여곡절 건설史」, 『인천일보』, 2014. 8. 25, http://www.incheonilbo.com/?mod=news&act=articleView&idxno=530698(검색일: 2024.2.22)

한 해외 건설 현장을 계속 지휘했다. 한국인으로서 현장감독을
하다 보니 사우디아라비아 앤부에서는 동양인 밑에서 일할 수
없다는 반발을 겪기도 했다. 남편은 이른바 '엘로카드제'를 도
입해 현장에서 자신을 포함해 누구든 세 번 이상 실수할 경우
사퇴한다는 내용을 엄격하게 적용해 인종차별의 고정관념을
원칙과 실력으로 이겨 낸 적도 있다.

1980년 사우디아라비아 건설 공사 현장에서 자재 브리핑을 하는 모습. 가운데서 필기
하고 있는 이가 이연흥이다.

살다 보면 여러 가지 중요한 선택을 해야 하는 순간이 있다.
그때마다 남편과 제대로 의논해 본 적이 없다. 아이들이 아프
거나 부모님이 편찮으셔서 다급히 편지를 보내면 병이 나은 후

에야 답장이 오곤 했다. 집안일을 상의할 때마다 몇 번 그런 일을 겪고 나니 아이들의 학교 진학, 입학식, 졸업식 등 모든 것을 나 혼자 판단할 수밖에 없었다. 의지하고 의논할 대상 없이 모든 것을 내 손으로 처리해야 했다. 세월이 흐르면서 치차 통신이 발달해 조금 숨통이 트였다. 남매가 좀 크고 난 뒤에는 방학 때 남편이 있는 곳으로 데리고 갔다. 1983년 시아버지가 소천하셨을 때는 회신이 없어 마음을 졸이고 있다가 한참 뒤에야 귀국해 아버님 묘소를 찾았다. 문상 와 주신 회사 중역 분들에게도 때늦은 감사 자리를 마련했다. 심지어 아들이 서울대에 입학했을 때도 연락이 늦게 도착해 본사에서 축하금을 보내준 덕분에 합격 사실을 알게 됐다. 가족이 아닌 현대 직원들과 함께 축하파티를 했다는 소식을 들었다.

남편의 맨 마지막 해외 업무는 사우디아라비아의 레이다 기지 건설이었다. 이때는 아이들도 장성해 나도 그곳에서 함께 지냈다. 수도 리야드에서 약 700㎞ 떨어진 사막 중의 사막인 알술라일(As Sulayyil)이다. 700m쯤 되는 높은 고지였는데 눈에 보이는 것은 온통 사막뿐이었다. 전화 같은 통신망이 되는 곳을 가려면 사막의 모래바람을 맞으며 7~8시간을 운전해야 했다.

야트막한 언덕에는 우리가 살 수 있는 작은 집과 공사에 투입되는 건설 인력이 거주하는 기숙사와 식당 외에는 아무것도 없었다. 우리 집 앞으로 1,300평(약 4297㎡)쯤 돼 보이는 잔디밭이 조성돼 있었다. 그곳에서는 아주 보기 힘든 아름다운 풍경이

다. 이 잔디밭 외에는 어디에도 풀 한 포기 없다. 그곳에서 일
하는 건설 인력은 그야말로 다국적이었다. 유럽에서 온 사람들
은 주로 관리직이었고 아시아, 중동에서 온 200여 명은 현장
인력이었다. 그 모든 이들 가운데 여성은 나 하나뿐이었다. 우
리 숙소에서는 직원 식당으로 갈 수 있었지만 직원들은 우리
숙소 쪽으로 통행할 수 없는 구조로 설계돼 있었다. 사방이 담
과 창살로 둘러싸여 있었다.

　40도를 넘나드는 폭염 속에서 이뤄지는 공사여서 새벽녘에
일을 좀 하고는 낮에는 다들 숙소에 들어가 휴식을 취했다. 해
가 어스름히 질 때쯤 다시 모여 불을 밝히고 공사를 진행했다.
나는 새벽에 골프채를 들고 마당에 나가 몇 번 휘두르고 맨손
체조를 하고 들어오는 것이 외출의 전부였다. 직원 식당에서
얻어 온 채소나 육류로 남편과 내가 먹을 음식을 만들고 나머
지 시간은 책(성경, 수필, 잡지 등)을 읽거나 TV나 비디오테이프를
보는 것이 일과의 전부였다. 감옥살이를 한다면 이런 게 아닐
까 하는 생각이 들 정도였다.

　관리직 직원들은 한 번씩 부부 동반으로 파티를 했다. 그럴
때면 나는 한국 음식을 선보였다. 직원 식당에 한국 식재료는
없었지만 다양한 식재료가 유입됐다. 예를 들면 배추는 없었지
만 양배추는 있었고, 고추는 없었지만 파프리카는 있었다. 젓
갈은 구할 수 없었지만 피시소스를 쓰면 비슷한 맛이 났다. 머
릿속으로 한국 식재료와 유사한 맛을 낼 수 있는 것을 섞어 잡

채, 물김치, 간장게장, 양념치킨 등을 만들어 내놨다. 처음에는 낯선 모양에 맛보기를 주저하던 유럽인들도 한 번 맛보고 나면 감탄사를 연발하며 접시를 깨끗이 비웠다. 무료함을 달래기 위해 직원 식당 메뉴로 일주일에 한두 번씩 한식을 만들었다. 현장 인력들은 물김치의 국물 한 방울까지 버리지 않고 맛있는 주스라며 마셔 댔다. 남편의 임기가 끝나고 한국으로 돌아오기 전 환송파티를 했는데 미스터 리는 한국으로 이렇게 떠나지만 부인은 여기 남아 요리사로 일해 줬으면 좋겠다는 제안을 받기까지 했다. 그럴 수 없다고 했더니 "그럼, 레이다 기지를 하나 더 짓자"고 말해 모두 유쾌하게 웃은 기억이 있다. 그때는 전 세계에서 온 사람들이 한국 음식을 맛있게 먹으니 기분이 좋다고만 생각했다. 되돌아보니 나도 한식 세계화에 일조한 것 같아 어깨가 으쓱해진다.

좀처럼 힘든 내색을 하지 않고 견뎌 내는 남편도 이 공사 말미에는 대상포진을 앓을 정도로 힘들어했다. 몇 달째 우리 부부와 연락이 닿지 않자 한국에서 아들이 경찰에 실종신고를 하는 바람에 우체국에 가서 생사를 알려야 했다. 아이들도 보고 싶고 친구들도 그리웠다. 수십 년을 연락이 잘되지 않는 남편을 기다리는 것이 힘들다고만 생각했는데, 막상 통신이 두절된 현장에 같이 있어 봤더니 그럴 수밖에 없는 상황과 현실에 고개가 끄덕여졌다.

1964년부터 1989년까지 중간에 가끔 입국했지만 딸을 낳자마자 해외 건설 현장으로 떠났던 남편은 그 딸이 다 커서 대학을 졸업한 뒤에야 한국으로 돌아왔다. 무려 25년의 세월이다.

어머니는 아버지의 독립운동을 뒷바라지하느라 늘 기다리는 삶을 사셨다. 나도 남편의 기나긴 해외 파견근무로 인해 항상 남편을 기다리며 살았다. 그런 노력이 오늘날 한국을 경제대국으로 만드는 데 기여했고, 한국의 기술력을 세계에 입증하는 역할을 했다고 생각하면 위안이 된다. 어쩌면 남편은 그 혹독한 지구촌의 건설 현장에서 한국의 '경제적' 독립운동을 한 건 아니었을까 하는 생각도 해 본다.

세월이 흘러서

우리 집안사람들은 아버지를 닮아서인지 의협심이 강한 편이다. 작은오빠도 그런 면에서는 남달랐다. 작은오빠는 고려대 법대를 졸업한 다음 한일은행에 입사해 정년까지 일했다. 체격이 컸고 유도 유단자였다. 1970년대 작은오빠가 은행에서 중간관리자 정도로 승진해 창구 뒷줄에 앉아 있을 때다. 어느 날 사기성이 있는 고객이 폭력을 행사했다. 작은오빠가 단숨에 앞줄에 있는 책상 위로 도약하면서 고객 창구를 가로막은 유리를 뛰어넘고 달려 나가 도망자를 제압했다. 일간지에 의로운 은행원으로 대대적으로 보도됐다. 영광스러운 일이었지만 우리 가족은 그 범죄자에게 해코지를 당하지 않을까 두려웠다. 일본 경찰에 오랜 기간 쫓겨 다닌 경험이 있어서인지도 모르겠다.

위험할 수도 있는데 왜 그런 행동을 했느냐는 물음에 작은오빠는 "그걸 어떻게 그냥 놔 둬"라고 담담히 말했다. 그렇게 강건하던 작은오빠가 2015년 10월 24일 소천하셨다.

작은오빠가 돌아가신 뒤 국가보훈처(현 국가보훈부)에서 편지 한 통을 받았다. 국가유공자 가족에게 지급하는 보훈연금 수령자가 됐다는 내용이었다. 1994년 독립유공자 예우에 관한 법률이 제정되면서 독립유공자와 그 유족의 생활 안정과 복지를 돕는 길이 열렸다. 2007년 관련 법이 개정되면서 이전에 아들에게만 지급된 보훈연금이 딸에게도 나오게 됐다. 우리 가족의 경우 내게 언니가 2명인 것으로 호적이 잘못돼 있어 생존해 있는 유일한 딸이라는 것을 밝히는 데 무려 3개월이 걸렸다. 2016년 1월 15일 국가보훈처에서 보낸 연금이 통장에 찍힌 것을 봤을 때 눈물이 왈칵 쏟아졌다. 아버지에게 용돈이나 선물을 받아 본 적이 단 한 번도 없었다. 80대 초반, 아버지 덕분에 연금을 받으니 마치 아버지가 살아 계셔서 내게 주시는 것 같았다. 나를 지켜 주는 느낌을 받았다. 지금 우리 집 문 앞에는 '독립유공자의 집'이라는 명패가 붙어 있다.

어머니가 1977년 돌아가시고 난 뒤 아버지 제사는 큰오빠가 지냈다. 큰오빠가 작고하신 후에는 작은오빠가 이어받았다. 제사를 지낼 때도 우리는 가족들 모두 요리를 한 가지씩 해 와 함께 상을 차렸다. 작은오빠가 돌아가시고 난 다음에는 원칙적으로 큰오빠의 큰아들이 제사를 물려받아야 하지만 큰조카가

먼저 하늘나라로 가는 바람에 그 제사를 내가 지내게 됐다. 한 가족이지만 종교가 제각각이다 보니 제사라기보다 추도식 형태로 치른다. 아버지의 가르침에 따라 남녀 차별 없이 그 시점에 가장 연장자가 추도식을 주도하는 것으로 원칙을 정했다. 2024년 추도식에서는 그동안 음력으로 치르던 부모님의 추도식 날짜를 양력으로 바꾸기로 했다. 젊은 세대가 기억하기 좋도록 그렇게 정한 것인데 이 정도는 부모님도 이해해 주시지 않을까 생각한다.

끝으로

이 책을 쓰는 동안 내가 가장 행복했던 순간이 언제였는지 질문을 받았다. 1초 만에 대답했다. 나의 아들 이근식을 낳았던 순간이라고 말이다. 결혼하고 한동안 아기 소식이 없었다. 27세에 결혼했으니 당시로서는 만혼이었다. 대부분의 여성이 20대 초반에 결혼하던 시절이다. 시댁과 친정에서 늦게 결혼했는데 아이는 언제 가질 거냐며 손주 소식을 몹시 기다리고 계셨다. 민망했다. 3년 만에 아들을 낳자 사람 구실을 한 느낌이 들었다. 마치 세상에 나 혼자 아들을 얻은 것 같았다. 남편도 얼마나 기뻤는지 시댁과 친정을 직접 돌아다니면서 아들 자랑을 했다. 자식은 그 존재만으로 큰 기쁨을 준다. 2년 뒤 딸 이주리를 낳고 보니 너무나 예뻤다. 세상에 부러울 것이 없을 정도로 행복했다.

홍기옥의 가족사진(왼쪽부터 이근식, 홍기옥, 이주리, 이연흥)

 아들이 세 살 무렵이었다. 집에서 잔치를 연 적이 있다. 모두
마루에 모여 앉아 있었는데 아이들이 보이지 않았다. 여기저기
다니면서 아이들을 찾다가 안방에서 남매를 발견했다. 장롱 서
랍을 다 열어 놓고, 옷가지를 온통 널어놓은 채였다. 딸은 내
화장품으로 자신의 얼굴에 온갖 그림을 그려 놓았다. 물끄러미
바라보고 있다가 "너희들 뭐 하는 거니?" 물었더니 아들이 흐뭇
한 표정을 지으며 "이게 다 세상 사는 재미"라고 한다. 도대체
세 살 꼬마가 할 말이 아니었는데 TV에서 하는 말을 배워 중얼
거리는 것 같았다. 잔치에 온 가족들이 아이들이 벌인 한바탕
쇼를 구경했다. 어릴 때부터 TV에서 말하는 것을 배운 아들은

자라서 서울대 대학원을 졸업한 다음 KBS에 입사해 방송기술 발전에 일익을 담당했다. 2011년에는 방송통신위원회 방송대상 시상식에서 방송기술상을 받았으며 미디어기술연구소 책임자로 정년까지 일했다. 며느리 김현진은 이대 교수로 재직하면서 후학을 양성하고 있다. 아들이 은퇴한 뒤에는 시도 때도 없이 내게 연락해 안부를 확인하는 통에 '아들 시집살이'를 하는 기분이 들 정도다. 그 과분한 사랑과 관심에 항상 감사한다.

아이들을 기르면서 경제적으로 독립할 수 있는 사람을 만든다는 원칙을 세웠다. 내가 경제적으로 어려워 대학 진학을 못할 뻔했기에 아이들은 그런 고통을 겪게 하고 싶지 않았다. 그래서 어려서부터 자금 관리와 노동의 가치를 알게 해 주고 싶었다. 용돈 관리를 경제교육의 출발점으로 삼았다. 일단 집에 용돈 가격표를 만들어 붙여 놨다. 신발장 청소하기, 마루·안방 닦기, 시장 심부름하기 등 쉬운 것은 5원, 어려운 것은 10원으로 용돈을 책정했다. 조금씩 성장하면서 남매 사이에 용돈 확보를 위한 경쟁이 붙었다. "지금 쓰레기를 버려야 하는데 누가 할래?"라고 물으면 서로 자기가 하겠다고 나섰다. 어려서부터 한 경제교육은 아이들이 결혼해 가정을 이룬 후에도 위력을 발휘했다. 한 번도 내게 도와달라고 한 적이 없다. 어떨 때는 너무 매정하게 한 것 아닌가 하는 생각도 들었지만 그런 자제력과 관리능력을 교육시킨 덕분에 슬기로운 경제생활을 이어 나가고 있는 것 같아 안도한다. 손주들이 태어났을 때도 금반지나 금열쇠 대신 도장과 통장을 선물했다.

나의 딸 이주리는 착하고 다정다감하다. 미국 유학을 가서 패션을 공부했다. 한때 이탈리아 패션 브랜드 '막스마라(Max Mara)'에서 일할 정도로 인정받았다. 결혼 직후 사위 박철홍과 함께 미국 유학을 한 탓에 한동안 2세 계획을 미뤘다. 그런데 학위를 받고 귀국한 다음에도 아이가 생기지 않아 마음고생을 했다. 결국 인공수정으로 쌍둥이를 임신했는데 마지막 달에 한 아이를 잃으면서 산모의 목숨까지 위태로운 지경에 이르렀다. 그렇게 힘들게 첫아이를 얻은 후 딸 부부는 자녀를 기르는 데 가족의 우선순위를 두기로 결정했다. 직장을 그만두고 얼마 지나지 않아 둘째를 임신하면서 딸은 SK C&C 전무로 승승장구하는 남편을 내조하면서 살았다. 자녀들이 다 크고 난 뒤 무슨 일을 하면서 인생 2막을 살아야 할지 종종 내게 의논했다. 그럴 때면 스스로 만족하고 사회에 도움이 되는 일을 하면 좋지 않겠느냐고 일러 줬다. 웬일인지 한동안 연락이 뜸하더니 병원에서 간호 인력으로 근무할 수 있는 자격증을 땄다고 했다. 딸의 나이 50대 중반일 때다. 역시 내 딸이라고 생각했다. 자격증을 딴 다음 딸은 "이제 엄마가 아프면 직접 주사를 놔 줄 수 있다"며 기뻐했다. 그렇게 병원에서 일하면서 매주 금요일에는 나의 집으로 와서 같이 식사도 하고 시간을 보낸다. 내게 금요일은 '딸의 날'이다.

나는 친손주 둘, 외손주 둘을 뒀다. 손자 셋과 손녀 하나가 있다. 사실 손주들이 어렸을 때는 친해지기가 쉽지 않았다. 아이들을 가만히 관찰해 보니 컴퓨터게임 하는 것을 굉장히 좋아했다. 고사리손으로 열중하는 모습을 보면서 나도 컴퓨터게임을 배웠다. 어느 날 게임을 같이하자고 했더니 깜짝 놀라면서 "엄마, 할머니 게임 잘해?"라면서 마음을 열었다. 그다음부터는 우리 집에 올 때마다 게임 친구가 돼 친해졌다.

우리 가족에게 선물처럼 와 준 첫 외손주가 아홉 살쯤 됐을 때다. "아가, 너는 무엇이 제일 하고 싶고 무엇이 제일 하기 싫어?" 외손주를 앉혀 놓고 물었다. "나는요, 친구들과 노는 게 좋고 게임하는 것도 좋아요." 귀여운 대답에 다시 질문했다. "그러면 하기 싫은 건 뭐야?" 망설임 없이 "공부요"라고 대답한다.

"공부? 어쩌면 좋니? 할머니도 너랑 똑같이 공부하기 싫었단다. 그런데 말이다. 세상에는 하고 싶어도 절대로 해선 안 되는 일이 있고, 하기 싫어도 꼭 해야만 되는 일이 있거든. 공부가 바로 그런 거야. 하기 싫어도 꼭 하지 않으면 안 되는 것. 왜 그런지 알아? 공부는 눈을 뜨게 하고, 마음을 넓게 해 주고, 모르는 것을 알아듣도록 눈과 귀와 마음을 열어 주는 방법을 배우는 것이거든. 눈이 있어도 글을 모르면 눈을 감은 것 같고, 귀가 있어도 말을 제대로 알아듣지 못하면 청각장애인과 같아. 마음을 열어 다른 사람을 이해하고 사랑하며 함께할 줄 모르면 이 세상을 잘 살아갈 수 없어. 그런 것을 배우는 게 공부란다. 그러니 꼭 해야 할 일이라면 찡그리지 말고 기쁜 마음으로 공부와 즐

겁게 지내는 방법을 배우는 게 어떨까?" 찬찬히 설명해 주니 손주는 말없이 고개를 끄덕였다. 그 어리던 손주들이 이제 서른 살 언저리의 나이가 됐으니 세월이 얼마나 빠른지 모르겠다.

남편이 은퇴한 뒤에는 호젓하게 종교 생활을 할 수 있었다. 2000년도에는 마포지방 여선교회장으로 추대됐다. 미국 필라델피아에서 개최된 에셈블리 감리교 국제대회에 한국대표단으로 참석했다. 전 세계에서 모여든 신도들을 만나는 감격적인 순간이었다. 대회장에 마련된 벼룩시장에 참여하기로 결정하고 한국산 볼펜 한 박스를 준비해 갔다. 종잇장 하나도 팔지 못한 내가 과연 해낼 수 있을까 걱정했지만 막상 장이 열리자 날개 돋친 듯 팔려 나가 모두 웃으면서 귀국했다. 2002년에는 감리교 장로로 취임해 만 70세 은퇴할 때까지 활동했다. 기독교 전국 여선교회 감사, 전국 여선교회 장로회 교육부장을 맡아 전국 출장을 다니자 남편이 식사 준비를 해 줬다. 남편의 외조를 받으니 더 힘이 났다. 그 과정에서 여성 교인들과 끈끈한 유대 관계를 맺은 덕분에 지금도 소식을 전하며 지낸다.

요즘 들어 어머니 생각이 자주 난다. 나이 마흔다섯에 얻은 늦둥이인 나를 엄격하게 훈육하면서 속으로는 얼마나 안타까웠을까. 어릴 때는 어머니께서 엄하게 집안일을 가르치고 원칙을 강조하셨을 때 많이 속상했다. 이제 와 생각해 보니 어머니의 가르침 덕분에 응석받이로 자라지 않은 것 같다. 사회생활을 하거나 결혼해 가정을 꾸렸을 때도 자기 몫을 하는 사람으로 성장할 수 있었다. 하얼빈에서 초등학교에 입학할 즈음, 내가 홍역에 걸리자 어머니는 엄동설한에 나를 이불로 꽁꽁 싸서 업고 입학식에 참석하셨다. 교육의 중요성을 누구보다 잘 알고 있었던 어머니가 나의 대학 진학을 만류하셨을 때는 속으로 얼마나 피눈물을 흘리셨을까…. 조기 요리를 할 때마다 항상 생선 머리만 골라 드시는 어머니가 진짜 조기 머리를 좋아한다고 여기며 살았던 나의 어리석음이 사무치게 죄송하다. 어머니… 어머니… 나의 어머니! 그립습니다. 그리고 사랑합니다.

어머니 정자섭 여사의 생전 모습

🍎 에필로그

2020년 남편이 소천한 뒤 홀로 살고 있습니다. 집에는 베란다 가득 반려식물이 있고, 인공지능(AI) 스피커 지니와 로봇청소기도 함께 지내고 있습니다. 이젠 몸이 아파도 치료해 조금 나아지거나 천국에 가거나 둘 중 하나겠지 생각합니다. 그 어느 쪽도 받아들이겠다는 마음가짐으로 살아갑니다. 우울한 기분은 없습니다. 지금으로 만족합니다.

살아온 지난날을 돌이켜 보니 고난당할 때마다 전화위복이 됐던 것 같습니다. 하나님은 어려움을 겪게 해 단련시킨 뒤 또 다른 희망과 기쁨을 주셨습니다. 삶은 고난 속에서 더 아름다운 꽃을 피웁니다. 개인이든, 국가든 마찬가지입니다.

만약 아버지가 일제의 조국 침탈에 굴종하고 살았더라면, 내가 어려운 가정 형편을 탓하고 공부하겠다는 의지를 접었더라면, 남편이 힘든 여건을 핑계로 한국 최초의 공사 현장에서 뒷걸음쳤다면…. 오늘의 내가, 오늘의 대한민국이 가능했을까요?

하얼빈에서 독립운동가의 딸로 태어나 온갖 우여곡절을 겪으며 90년의 세월을 살아오면서 가슴속에 아로새겨진 가르침이 있습니다. 그 말을 여러분에게 전해 볼까 합니다.

"어떠한 상황에서도 꿈과 희망을 버리지 마세요. 그리고 기도하세요. 구하는 자에게 주신다고 하신 말씀을 끝까지 믿으세요. 그다음엔 당신의 인생을 위한 새로운 문이 열릴 겁니다."

지금까지 나의 우리 가족의 역사를 끝까지 읽어 주신 모든 분에게 진심으로 감사드립니다.

🍎 아버지께 드리는 편지

아버지…

얼마 전에 문득 이런 생각이 들었습니다. 아버지가 살아 계셨더라면 몇 세가 되셨을까? 헤아려 보니 146세가 되십니다. 아직은 전세계 최고령자도 도달하지 못한 연세이니 그토록 모진 고초를 겪지않고 편안히 지내셨더라도 지금은 하늘에 계시겠구나 하고 체념했습니다.

저는 항상 먼발치에서 아버지를 바라봤습니다. 다가갈 수가 없었습니다. 일본군에 쫓겨 숨어 사셨지만 항상 기품을 잃지 않으셨지요. 언제나 당당하고 위엄 있는 그 모습이 지금도 눈에 선합니다. 한밤중 고즈넉하게 흘러나오는 대금 소리만이 아버지의 고단한 마음을 헤아릴 수 있게 해 줬습니다. 아버지가 돌아가셨을 때는 몸도 마음도 가누기 어려웠답니다. 그때 어머니께서 "아비에게 한 번 안겨 보지도 못한 아이가 왜 이렇게 아파하냐"며 통곡하셨지요. 저는 마음속으로 '아, 아버지는 나를 안아 주는 사람인가 보다'라고 생각하며 울었습니다.

나이가 들면 들수록 그 깊고 깊은 마음을 알아차리지 못했던 어린 시절이 한스럽습니다. 지금 우리 집 거실에는 하얼빈에서 찍었던 가족사진이 걸려 있습니다. 그 삼엄한 경계를 뚫고 어떻게 이 사진을 남기셨을까 생각하면 고맙기도 하고 애처로운 마음이 들기도 합니다. 전쟁 통에 화재만 나지 않았더라도 아버지의 귀한 자료가 온전히 남아 있었을 텐데…. 더 빨리 책을 만들어 아버지의 업적을 세상에 알리지 못한 저를 이제라도 용서해 주십시오. 두어 달 전에는 역사적으로 가치 있는 우리 가족의 자료들을 모아 전쟁기념관에 영구 기증했습니다. 이 책의 판매 수익이 난다면 도움이 필요한 사람들에게 기부할 것입니다. 그것이 아버지의 딸로서 제가 할 수 있는 마지막 과업이 아닐까 생각합니다.

이제는 언제든, 누구 앞에서든 큰 소리로 아버지를 부를 수 있는데…. 계시지 않은 나의 아버지! 세월이 흘러 저도 아버지를 다시 뵐 날이 머지않은 것 같습니다. 아버지를 다시 뵙게 되면 그 너른 품에서 어린 시절 하지 못했던 응석을 마음껏 부려 보고 싶습니다. 제

손으로 음식을 차려 드리고 맛있게 드시는 모습도 보고 싶습니다.
우리의 조국이 아버지의 바람대로 문화강국 반열에 올라 세계만방에
이름을 떨치고 있다는 말씀도 드리고 싶습니다.

아버지…
그립습니다. 사랑합니다. 그리고 한없이 한없이 존경합니다.

2024년 8월
막내딸 홍기옥 올림

홍충희 애국지사 관련 사료

1. 명함

홍충희 애국지사가 사용했던 명함 (전쟁기념관)

2. 추도문 및 추도식 기사

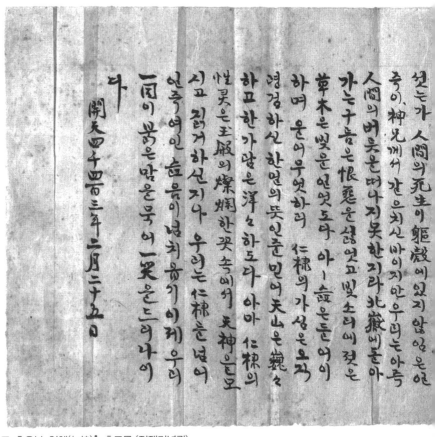

고 홍우봉 인체(仁棣)* 추도문 (전쟁기념관)

• 인체는 대종교에서 교우를 부르는 호칭.

故洪禹峰 仁梯 近悼文

반가우리가

仁梯靈右에눈을 썩기인弟文을드리게
되오니 옛記憶마새 愈음이함께떠오르나이다

至今여러모힌우리들은 年즉 仁梯와함께
배워 문허지려는 國家의千城을 自負하

든將校一同이며 靑山里松林속에서 주린배
弱한兵力으로 數千倭敵을 殲滅하는 同

志, 滿洲荒野에서 七國의恨淚를 뿌리며
檀君光明의 敎化를 宣佈하며 倍達의精神

을扶植하라는 大倧敎友와 國家万基를새
로建設하며 世界平和에 邁進을 盟誓한 大

들이 함께 모벗나이다

아ー슮으다 仁梯는 여이모산에있는우리
의슴엄은 仁梯의 異蹟況 霜에 裏하신儀

부록: 홍충회 애국지사 관련 사료 151

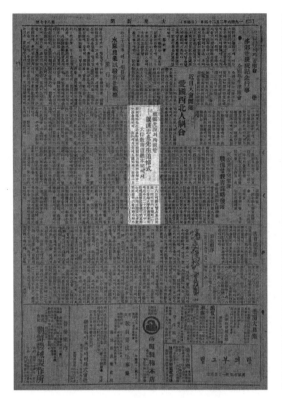

1946년 2월 24일 자 『대동신문』에 게재된 홍충희 애국지사의 추도식 기사
(대한민국 신문 아카이브)

3. 홍충희 애국지사의 기미운동 약력

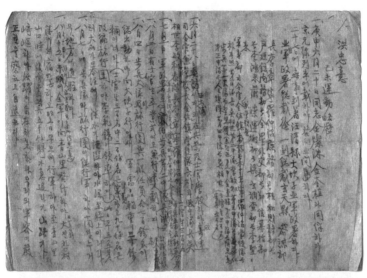

홍충희 애국지사가 친필로 작성한 약력 (전쟁기념관)

4. 귀일당 강령

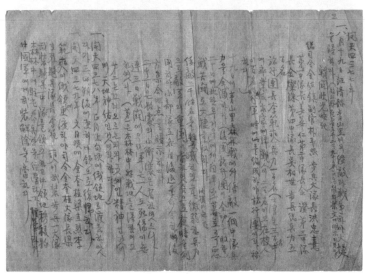

귀일당 강령과 독립전쟁 설명 (전쟁기념관)

5. 황해도 평산 지도

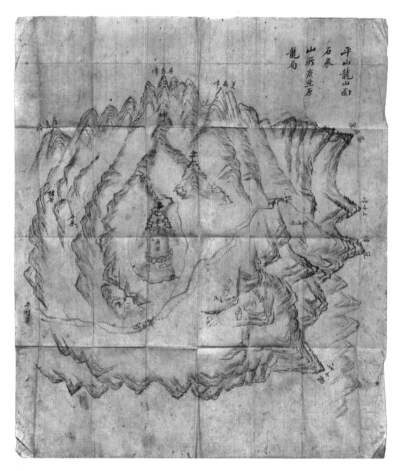

황해도 평산군 용산면의 지도 (전쟁기념관)

홍충희 지사

홍충희 지사는 1878년 서울에서 태어났으며 호는 우봉(禹峰)이다. 1903년 대한제국 무관학교 보병과를 졸업하고 육군 부위를 지냈다. 1919년 3·1운동에 참여한 다음 만주로 망명해 북로군정서에서 활약했다. 1920년 청산리 전투에 대대장 서리 겸 보병 중대장으로 참전했으며 주력 부대장으로서 전쟁을 승리로 이끄는 데 크게 공헌했다. 이후 독립운동 단체들의 통합을 위해 노력했으며 신민부 군사부 위원으로 활동했다. 1934년 하얼빈 안평가에 대종교 선도회를 설치하고 후학 양성과 애국계몽운동에 매진했다. 1942년 임오교변으로 대종교 지도자들이 대거 검거되자 기약 없는 피신 생활에 들어갔다. 1945년 하얼빈에서 광복을 맞이하고 한국으로 귀국했으며 1946년 1월 18일에 귀천했다. 26년간 이어진 독립운동의 공적을 인정받아 1977년 건국훈장 독립장을 추서 받았으며, 1991년 대전 현충원 애국지사 1묘역에 안장되었다.

홍기옥

홍기옥은 1934년 중국 하얼빈에서 독립운동을 하던 홍충희 지사의 막내딸로 태어났으며 광복 후 한국으로 왔다. 한국 전쟁 피란 중에 진명여고와 진해여고를 동시에 졸업하고 이화여대 영문학과에서 학사학위를 받았다. UN 한국재건단에 의해 설립된 국립중앙의료원에서 의료비서로 7년간 일했다. 한국 해외건설의 선구자로 활동한 이연홍과 결혼해 슬하에 1남1녀를 두었다. 2000년에는 마포지방 여선교회장으로 추대되었으며 미국 필라델피아시에서 개최된 에셈블리 감리교 국제대회에 한국 대표단으로 참석했다. 이후 종교계의 유리천장을 뚫고 감리교 장로로 취임했으며, 기독교 전국 여선교회 감사 및 전국 여선교회 장로회 교육부장을 역임했다.